KB074356

1센티 인문학

매일 1cm씩 생각의 틈을 채우는 100편의 교양 수업

1센티 인문학

──── 조이엘 지음 ────

언폴드

서울대에 합격했으니 이제 내 인생은 탄탄대로, 무한행복의 시작이라 믿었다. 스카이 합격이 출세를 보장했던 90년대 이야기다. 보장된 인생이니 노력할 이유도 없었다. 공부가 사라진 대학생의 삶은 매일이 천국이었다. 그렇게 무위도식을 이어가던 어느 날, 손에 들어온 얄팍한 영어책이 나의 세상을 바꿨다.

그 책의 첫 문장이다.

Is there any knowledge in the world which is so certain
that no reasonable man could doubt it?

너무 확실해서, 이성적인 사람이라면 절대 의심할 수 없는 확실한 지식이 과연 세상에 존재하는가?

15장으로 구성된 얇은 책*의 1장이 채 끝나기 전에 내가 발 딛고 서 있던 우주는 완전히 무너졌고 '확실한 지식'이 유발하는 갈증이 삶의 유일한 동기가 되었다. 서양철학과 종교학을 주 전공으로 역사학, 문학, 미학, 언어학, 심리학, 뇌-인지과학, 인류학, 사회학, 물리학, 화학, 생물학, 우주론, 과학철학까지. 그렇게 시작된 연구와 독서가 30년을 바라보고 있으니 어쩌면 내 삶은 20대 때 부딪친 짧은 질문 하나에 답하기 위한 삶이었다고 볼 수 있다.

그리하여 현재까지 찾은 확실한 지식은 세 가지다.

첫째, 노안은 생각보다 훨씬 빨리 온다.

둘째, 인명재처人命在妻, 사람의 운명은 아내에게 달려 있다.

셋째, 고전보다 유익한 책이 꽤 많다.

나이가 들수록 어려운 책이 부담스럽다. 똘똘한 중3 제자의 질

---

* Bertrand Russell, *The Problems of Philosophy*, Oxford university press, 1980. 《철학이란 무엇인가》(문예출판사, 2014)로 출간되었다.

문에 십수 년 만에 플라톤의 책들을 다시 들춰본 이후 그와는 영원히 안녕을 고했다. 하이데거와 비트겐슈타인은 그간 쌓은 정이 너무 두터워 차마 결별하지 못하고 영정 사진처럼 서재에 모셔 두고 있다. 같은 이유로 수천 권의 고전들 역시 서재의 풍경화로 남을 확률이 거의 100퍼센트다.

　다음은 내가 좋아하는 고전의 정의다.

　'당연하게 믿어온 지식과 진리 체계를 지속적으로 공격하고 인식의 기반을 흔들어 새롭게 방향을 잡도록 도와주는 책.'

　2000년 이후 괴물 같은 지식인들에 의해 이런 책들이 속속 등장하고 있다. 나는 이런 책들을 '새로운 고전'이라 부른다. 사실 추천한 사람도 읽어보지 않았을 동서양 고전에 목매지 않아도 되는 시대가 도래했다고 한다면 지나친 표현일까?

　지知의 거장 다치바나 다카시立花隆는 이렇게 말했다.

　　　데카르트의《방법서설》은 그리 좋은 책은 아니다.

　2000년대 초반부터 강의와 블로그를 통해, 요즘은 유튜브로 '새로운 고전'을 소개하고 있다. 이 책은 그보다 더 쉽게 여러분을 지식 세계로 초대한다. 어쩌면 지식 세계를 안내하는 카탈로 그 정도로 생각해도 좋겠다.

책이 가벼우니 살짝 무거운 아인슈타인의 말로 끝내겠다.

세상에는 무한해 보이는 것이 두 개 있다.

'우주'와 '인간의 어리석음'.

둘 중 덜 확실한 것은?

우주.

조이엘

차례

| 일러두기 |

– 이 책의 각주는 독자의 이해를 돕기 위해 작가가 덧붙인 주입니다.
– 책 제목은 《 》, 단편, 시, 잡지, 신문, 영화, 회화 등은 〈 〉로 표기했습니다.
– 작가의 의도를 잘 전달하기 위해 일부 문장은 작가의 입말을 그대로 살렸습니다.

上士聞道, 勤而行之
中士聞道, 若存若亡
下士聞道, 大笑之

뛰어난 사람은 도를 들으면 행하기를 힘쓴다.
어중간한 사람은 도를 들어도 반신반의한다.
어리석은 사람은 도를 듣고 크게 비웃는다.
—
노자, 《도덕경》, 41장

좁쌀 굴리기
VS
호박 굴리기

#세습자본주의 #토마피케티

강남 풍속은 방탕해서 노동을 멸시한다.

명품 옷과 화려한 화장에 힘쓰고 저급한 노래만 부른다.

젊은 날이 영원하리라 믿고 스스로를 꽃다운 미모라 부른다.

세입자야, 네가 온종일 일해도

내가 맨 명품백 끈 하나 살 수 없단다.

실력은 노력이 아니라 계층이거든.[*]

<강남녀江南女>라는 시다. 강남녀가 저렇게 살 수 있는 건 '노동 생산력'보다 '자본 생산력'이 높기 때문이다. 간단히 말해 돈이

돈을 번다는 말이다. 건물이나 아파트 몇 채만 있으면 평생 놀고 먹을 수 있고 자식에게 물려줄 때는 자산의 규모가 더 불어난다. 좁쌀이 밤새 굴러봐야 아침녘에 서너 번 구른 호박을 못 당한다. 그러니 월급쟁이가 우습다.

20세기 중반엔 이렇지 않았다. 제1, 2차 세계대전 후 경제가 빠르게 성장하자 물가와 임금이 상승했다. 게다가 고소득자, 자산가, 기업에 높은 세금을 매겼다. 공산주의와 대결하는 와중에 국민들의 불만이 생기지 않도록 신경을 쓴 것이다. 자산가들은 휘청거렸지만 월급쟁이들은 재산을 빠르게 모을 수 있었다. 자산보다 임금이 더 빛나는, 최초의 시대였다.

신자유주의 시대, 즉 1980년대 이후 경제 구조는 부자들에게 유리한 방향으로 재편되었다. 공산주의가 망했으니 자본주의의 독주가 가능해진 것이다. 돈이 돈을 버는 속도가 갈수록 광속을 닮아간다. 열심히 월급을 모으면 어렵사리 집 한 채 장만할 수 있었던 기억은 단군신화 비슷한 스토리로 치부되고 건물주만 부富를 늘리는 강남녀 시대의 부활.

강남녀 시대가 특히 고약한 것은 '상속' 때문에 부의 불평등이 대물림되면서 확장된다는 점이다. 어떤 집에서 태어나느냐에 따

---

* 〈강남녀〉라는 시를 현대 버전으로 바꿨다. 원문이 궁금하다면 다음 책을 참고하길 바란다. 하진화 외, 《중국의 최치원 연구》, 조성환 편역, 심산, 2009, 43쪽.

라 인생의 출발선이 달라진다. '노력, 공부, 재능'으로도 넘볼 수 없는 금수저들의 존재가 '공정'을 가장 중요 덕목으로 여기는 젊은이들의 의욕을 꺾어버린다.

부자는 이제 유명 운동선수나 유튜버 등 극소수의 예외를 제외하고는 상속으로만 탄생할 수 있다. 경제학자인 토마 피케티 Thomas Piketty의 표현을 빌리자면 부자가 되기 위해선 시간과 장소를 잘 골라 태어나야 한다. 이른바 '상속 자본주의' 혹은 '세습 자본주의'다.

《21세기 자본》이란 책으로 2013년 이후 가장 핫한 경제학자가 된 토마 피케티. 그는 이 책에서 우리가 '다시' 상속 자본주의로 나아가고 있다고 지적한다. 심화되는 부의 불평등 때문에 자본주의가 작살날 거라 경고한다.

그러니 자본주의의 안위가 걱정되는 사람들은 서둘러 피케티의 책을 일독하고 그가 제시하는 대안도 살펴보길 바란다. 다만 피케티의 통계 자료 사용법에 문제를 제기하는 주류 경제학자들도 있으니 큰 맥락만 파악해도 좋다.

아, 빼먹었다. 〈강남녀〉는 신라사람 최치원이 20대 초반에 지은 시를 현대 버전으로 번역한 것이다. 한강 남쪽이 아니라 1,300년 전 중국 양자강 남쪽 지역의 이야기다.

최고 임금을
정한 까닭은?

#최고임금 #백범일지

김 씨가 전라남도 해남을 여행하던 중 '대한민국 상위 1퍼센트' 멤버인 윤 씨 집에서 하룻밤 머물게 되었다.*

  늦은 밤 정원 쪽이 소란해 나가보니 윤 씨의 수행원 예닐곱이 행색이 초라한 남자를 기둥에 묶고 매질을 하고 있었다. 윤 씨가 말했다.

---

*   조선 사대부의 필수 임무는 봉제사奉祭祀와 접빈객接賓客이었다. 즉, 제사를 정성껏 받들고 손님을 후하게 접대하는 것이다.

"내가 올 초에 분명 '최고 임금'을 정했는데 네 마음대로 다른 집에 가서 더 많은 임금을 받았더라?"

"죄송합니다. 제가 잘못했습니다. 살려주세요."

무슨 사연인지 궁금했던 김 씨가 윤 씨에게 물었다.

"선생님이 정한 '최고 임금'은 얼마고 저 사람이 올려 받은 임금은 얼마인가요?"

"남자 일당은 4,000원, 여자는 3,000원입니다. 그런데 저 놈이 다른 마을에 가서 5,000원을 받았다고 하네요."

"아니, 선생님. 식당에서 김치찌개를 먹어도 7,000∼8,000원은 드는데 하루 일당이 3,000∼4,000원이라니. 그 돈으로 가정을 꾸릴 수나 있겠습니까?"

"저 놈이 우리 집에서 일하면 가족 전부에게 식사를 제공합니다. 이런 상황에서 일당을 후하게 주면 어떤 일이 벌어질 것 같습니까?"

"다 같이 잘 사는 사회가 되겠지요."

"과연 그럴까요? 저 놈처럼 하위 50퍼센트가 밥 걱정, 옷 걱정, 월세 걱정이 사라지면 어떤 일이 벌어질 것 같습니까?"

"글쎄요. 저녁이 있는 삶?"

"의식주 걱정이 사라지면 하위 50퍼센트는 상위 1퍼센트에게 복종하지 않습니다. 그래서 일당을 적게 주는 겁니다. 매달 카드빚에 쪼들려야 일당을 주는 1퍼센트에게 의지하고 우리가 만든

원칙에 순종하게 됩니다. 절대 재산을 모을 기회를 주면 안 됩니다. 직장에 오래 다니려면 마이너스 통장을 만들라는 유머가 있지 않습니까."

《백범일지》에 나온 내용을 살짝 손봤다. 김 씨는 김구, 윤 씨는 윤선도로 유명한 해남 윤 씨다.

상위
1퍼센트의 삶

#패륜끝판왕 #조선왕조실록

'서울시장, 서울중앙지검장, 교육부장관, 서울대총장'을 한 사람이 다 할 수 있을까?

이행孝行은 했다. 자타공인 상위 1퍼센트다. 덕분에 둘째 아들 이적孝迹은 평생 놀아도 배불리 먹을 수 있었다. 또 나왔다 세습 자본주의. 이적이 너무 놀고먹나 싶어 시작한 일이 하필이면 채용비리 브로커다. 그나마도 딱 걸려 집행유예를 받았다. 불륜도 저질렀고 인성은 바닥 수준이다. 아버지가 나무라는 문자를 보내면 욕설 비슷한 답장을 보냈다.

그러던 어느 날, 해서는 안 될 문자를 주고받는다.

'이놈아, 그렇게 살지 마라.'

'아버지야말로 가문에 똥칠하는 사람입니다.'

'이 놈의 자식, 당장 경찰에 고발하고 싶지만 집안 망신이라 참는다. 오늘 날짜로 너를 호적에서 파버리겠다. 네 몫이었던 강남의 5층짜리 빌딩과 아파트는 죽은 네 형의 아들 이자^{李孜}와 네 배다른 동생 몽가^{蒙哥}에게 넘긴다.'

그래도 분이 풀리지 않은 이행은 그간 아들이 보낸 무례한 문자들을 A4 두 장에 깔끔히 정리해 출력한 후 친필 사인까지 더해 몽가에게 맡긴다.

"이거 잘 갖고 있다가 혹시 형(이적)과 문제가 생기면 증거로 사용하거라."

얼마 후 이행은 82세 나이로 사망한다. 그러자 이적은 해커를 고용해 두 가지 일을 맡긴다.

- 아버지와 나눈 문자 중 안 좋은 내용은 모조리 제거할 것.
- '재산은 공평하게 나누어 가져라'는 문자를 아버지 사망 직전 날짜에 집어넣을 것.

이적은 솜씨 좋은 해커 덕에 빌딩과 아파트를 물려받는다.

여기서 끝났으면 두루두루 해피엔딩이겠지만 이자는 7층짜리 상가건물을 물려받고도 여전히 목이 말랐다. 그래서 작은 아버지 이적을, 경찰은 건너뛰고 검찰에 고발했다. 작은 아버지가 할아버지의 문자를 위조했다고.

심증만 있고 물증은 없는 고소였다. 게다가 이적이 고용한 해커는 구글 서버도 3분 만에 뚫은 최고수였다. 대검 포렌식 팀도 위조 여부를 밝힐 수 없었다. 그러자 이적은 조카를 무고죄로 맞고소한다.

사건이 난장판으로 흐르면서 대통령까지 관심을 보이고 시중 여론이 1퍼센트 상류층 전체에 대한 반감으로 흐를 기미가 보이자, 몽가는 행여 자신에게도 불똥이 튈까 A은행 대여금고 속에 숨겨 놓았던 출력물을 검찰에 제출한다.

이렇게 사건은 마무리되고 이적은 징역형을 받는다. 여기서 끝났어도, 늦었지만 최악은 아닐 수 있었다. 빌딩을 빼앗는데 성공한 이자는 작은 아버지를 면회 간 자리에서 말한다.

"강남에 있는 아파트, 제게 넘기세요. 안 넘기면 부인과 딸도 위험합니다."

이적은 할 수 없이 마지막 남은 재산도 조카에게 넘겼다. 소식을 들은 사람들은 하나같이 이자를 두고 혀를 찼다.

'대통령의 조카사위라는 놈이.'

도대체 이 집안의 정체는 무엇일까?

죄 없는 자가
먼저 돌로 쳐라

#상속분쟁 #조선최고명문가

이행, 이적, 이자. 모두 이 땅에 살았던 실존 인물이다. 다만 600년 전 일이다. 《조선왕조실록》(태종, 세종) 내용을 요즘 버전으로 바꿔봤다.

이행은 태종 때 병조판서(정2품), 판한성부사(정2품), 대제학(정2품)을 지내며 전성기를 누린다.

병조판서: 국방부장관 + 정보통신부장관

판한성부사: 서울시장 + 서울중앙지검장 + 서울고등법원장

대제학: 교육부장관 + 서울대총장

대제학은 성리학의 나라 조선에서 최고의 성리학자만 오를 수 있는 자리라 말할 수 없이 명예로운 관직이었다. 정승보다 급은 낮지만 '열 정승이 대제학 하나보다 못하다'란 말이 나올 정도로. 공시지가 100만 원인데 시세는 10억 정도의 땅이라고 하면 이해가 빠르겠다.*

간단히 말해 조선 최고의 명문가라는 말이다. 게다가 이자는 양녕대군의 사위, 즉 세종의 조카 사위였다. 조선에서 가장 존경받고 최고로 명예롭던 집안마저도 유산 앞에서는 이 꼴이었다.

'부귀영화'에서 부富와 귀貴는 거의 비례한다. 그러니 귀한 사람들조차 부를 포기할 수 없었고 예나 지금이나 가장 확실한 부는 상속이었다. 상속 자본주의의 조선시대 버전이라 할 수 있다.

어쨌든 이행이 1432년(세종 14년)에 죽자 세종의 립서비스가 대박이다. 여기서는 마지막 문장만 전한다(너무 길어 10줄 정도를 생략하니 궁금한 사람은 인터넷으로 '국사편찬위원회 → 조선왕조실록 → 세종실록 58권 → 세종 14년 → 10월 20일 아홉 번째 기사'를 참고하길 바란다).

> 어떻게 나를 생각하지 않고 세상을 떠나
> 나로 하여금 끝없이 슬프게 하는가!

---

* 대제학을 '문형文衡'이라고도 불렀다. '모든 학문을 바르게 평가하는 저울'이라는 뜻이다.

'문절'이라는 시호諡號**도 하사한다.

문文: 문신이 받을 수 있는 최고의 명예
절節: 절개가 '논개 + 춘향'

하지만 이적과 이자의 상속분쟁 과정에서 뜻하지 않게 이행의 그간 행적들이 드러난다.

- 권력을 이용해 사위에게, 그것도 행실이 좋지 않은 사위에게 관직을 줬다. 장인 찬스.
- 손자사위가 장모(이행의 죽은 딸)의 제사를 검소하게 지내자 행패를 부렸다.
- 다른 종교(불교)를 숭상했다.
- 무엇보다 자식 농사가 대를 이어 망작亡作이었다.

신하들이 들고 일어났지만 이미 죽은 사람을 어떻게 하겠는가. 시호라도 취소하자고 건의하니 세종이 거절한다. 그래도 신하들이 몇 달째 앵앵거리니 위대한 세종은 한 문장으로 상황을 정리한다. 세종 20년 10월 7일의 일이다.

** 고위 관료가 죽은 뒤 그들의 업적을 기념하여 붙인 이름.

"너희 중에 죄 없는 자가 먼저 돌로 쳐라."

너희들은 떳떳하냐, 너희들도 다 그렇게 해먹지 않느냐는 의미다. 그래도 이 말은 남겼다.

"이행은 부성애가 없고 위선자다."

005

아인슈타인보다
조금 빨랐다

#세종 #아인슈타인

조선의 형벌제도를 알려면 먼저 중국의 형벌제도를 이해해야 한다. 잔인했던 중국 형벌제도는 수나라와 당나라 때 '5형'으로 정리되어 청나라 말까지 유지된다.

태형: 가벼운 죄. 매질

장형: 곤장. 큰 몽둥이로 때림

도형: 중범죄자. 징역형 + 장형

유형: 유배, 귀양

사형

조선도 5형 체계를 받아들인다. 유형(유배, 귀양)은 세 종류인데 세트로 제공한다.

유형 2,000리 + 장형 100대
유형 2,500리 + 장형 100대
유형 3,000리 + 장형 100대

유형에 해당하는 범죄자가 '저는 세트 싫어요, 단품으로 할래요' 해도 소용없다. 유형은 반드시 장형과 함께 집행했다. 한마디로 맞고, 떠난다.

유형의 디테일은 상당히 복잡하니 주요 부분만 소개한다.

천사^{遷徙}: 고향에서 1,000리(약 400km) 밖으로 가족과 함께 이주함.

중도부처: 유배지로 가는 중간 지점에 머물게 함. 즉, 관용.

본향안치: 고향에서 유배 생활. 이것도 관용.

절도안치: 외딴 섬에 격리함.

위리안치: 유배지 가옥 주위를 가시나무로 촘촘히 둘러 시야를 막아 죄인에게 매일 고구마 100개를 한 번에 먹은 듯한 답답함을 제공함.*

천극안치: 위리안치 + 방 주위에 가시나무를 박음.

그런데 문제가 있다.

유형 2,000리 = 800km = 서울에서 상하이까지 거리

유형 2,500리 = 1,000km = 서울에서 베이징

유형 3,000리 = 1,200km = 서울에서 도쿄

우리나라 내에서는 법을 집행하기 불가능하다는 말이다. 땅덩이가 큰 중국 법(대명률)을 그대로 갖고 와서 그렇다.**

똑똑한 세종은 즉위 12년(1430년)에 법을 살짝 손본다.

유형 2,000리 = 거주지에서 600리 떨어진 마을(240km 밖)

유형 2,500리 = 거주지에서 750리 떨어진 마을(300km 밖)

유형 3,000리 = 거주지에서 900리 떨어진 해안 마을(360km 밖)

인류가 공간과 시간을 한 덩어리로 보기 시작한 건 1900년대 초, 아인슈타인에 의해서다. 조선은 이보다 몇 년 빨랐다. 1895년에 유형은 징역형으로 바뀐다.

---

* 다음은 왕위에서 쫓겨나 교동도에 위리안치된 연산군에 대한 기록이다. '울타리 안이 좁아서 해를 볼 수 없었고 작은 문 하나가 있어 겨우 음식을 들여보내고 말을 전할 수 있을 뿐이었다.' 《조선왕조실록》(중종 1년, 1506)

** 유배지까지 가는 비용은 자비 부담이다.

유형 2,000리 = 징역 10년

유형 2,500리 = 징역 15년

유형 3,000리 = 무기 징역

즉, 공간의 시간화다.

006

누가
더 추한가 1

#로열패밀리 #갑질가족

1. 이행의 손자인 이자는 상속 분쟁 당시 고소장에 거짓말을 한 게 드러났다. 태형에 해당하는 죄이지만 세종은 가벼운 처벌로 사건을 덮는다. 왜 그랬을까?

이자는 양녕대군의 사위다. 고의든 아니든 왕위를 버림으로써 동생 세종에게 소멸시효 100년짜리 정신적 채무를 안겨버린 세종의 큰 형님. 즉, 이자의 장인 찬스였다.

2. 장인 찬스는 또 있다. 이행의 사위 김훈_{金訓}은 군산에서 병마사로 근무하던 중 할머니가 돌아가셨다는 소식을 듣고 급하게

서울 장례식장으로 가…지 않고 불륜관계인 수원 관기官妓* 벽단단에게 간다. 그것도 모자라 몇 달을 빈둥거리며 왕위에서 은퇴한 정종을 몰래 만나 선물까지 수령한다.** 불효와 불충이 겹쳤으니 목이 두 개는 필요한 상황이었다.

'임금을 업신여겼다'며 신하들이 분노했지만 태종(현직 임금)은 정종(전직 임금)과 이행의 체면을 고려해 '장형 100대 + 전라도 귀양'으로 벌을 깎아준다.

3. 두 달 후 사간원이 김훈을 반드시 죽여야 한다는 상소를 올리지만 태종은 상소문을 쳐다보지도 않는다. 게다가 몇 달 후엔 형을 더 깎아줘 고향인 영동에서 유배 생활(본향안치)을 이어가게 한다. 계속되는 장인 찬스다.

4. 세종 2년, 이행의 둘째 아들인 이적이 채용비리로 잡히지만 세종은 이행의 얼굴을 봐 '중도부처'로 깎아준다. 첫 번째 아빠 찬스.

5. 이제는 은퇴한 왕 태종이 아들 세종을 불러 말한다.

---

* 관청 소속 기생.
** 심지어 김훈은 정종이 거주하던 인덕궁에 몰래 벽단단과 함께 들어갔다(《조선왕조실록》(태종 16년, 1416). 현직 임금인 태종에 대한 반역으로도 해석될 수 있는 행위였다.

"이행이랑 내 관계 알지? 내 얼굴 봐서 이적의 죄를 깎아줘."

유배는 즉각 취소되고 이적은 서울 밖에서만 거주하면 된다. 아빠 찬스 두 번째.

6. 두 달 후, 죄인을 편히 살게 하면 안 된다며 사헌부가 상소를 올린다. 세종의 반응은 어땠을까?

무시. 아빠 찬스 세 번째.

7. 부모에게 막말하는 자식들은 사춘기라서 그래, 취업을 못해 스트레스를 받아서 그래, 술에 취해서 그래, 어릴 때 부모에게 학대를 받아서 그래, 따위로 넘어가는 게 요즘 분위기지만 조선은 달랐다. 어지간하면 다 사형이었고 아버지께 막말한 이적의 경우는 완벽한 사형감이다. 하지만 그에게 내려진 벌은 유형 3,000리. 태종과 이행의 관계를 고려해 세종이 형을 낮췄다. 네 번째 아빠 찬스다.

물론 이제 우리는 안다. 3,000리가 사실은 900리(360km)라는 걸. 장형 100대는 기본으로 맞았다는 걸 말이다. 이적은 한반도 북동쪽 끝자락인 함경도 경원으로 갔다. 50대 이상이면 친숙한 이름, 아오지 탄광 근처라 보면 된다. 200년 후엔 그 유명한 윤선도도 이곳으로 유배 온다.

8. 추한 집안을 봤다. 하지만 요즘이라고 사정이 나을까. 재벌 아버지가 죽자 장녀와 장남이 경영권 분쟁을 하던 중 어머니가 장녀의 손을 잡았다고 의심한 장남이 어머니 집에서 소란을 피우다 언론을 탔다. 하필이면 크리스마스 저녁에.

이행 집안과 이 집안, 누가 더 추할까?

007

아빠 찬스의
끝판왕

#연개소문 #아홉살9급공무원

인사과 서버 깊숙이 보관된 천남생이라는 사람의 승진 기록이다.

9세 – 12급(현 9급 공무원)

15세 – 10급

18세 – 7급

23세 – 5급

28세 – 2급

32세 – 1급

초등학교 2학년 때 9급 공무원으로 특채되어 32세에 정상을 찍었다. 이전에도 없고 앞으로도 없을 역대 최강의 아빠 찬스다. 천남생은 뉘 집 아들일까?

천남생의 아빠는 고구려 연개소문*이다. 연개소문 역시 아빠 찬스를 무제한으로 사용한 전력이 있다.

어쨌건 연개소문이 죽은 후 삼형제(남생, 남건, 남산)는 상속 분쟁에 돌입한다. 두 동생이 연합하여 아들을 죽이고 자신의 목숨마저 위협하자 천남생은 적국인 당나라에 항복한다. '이적–이자' 콤비의 고구려 버전이다.

얼떨결에 '인 서울**'은 물론 '내 집 마련'에도 성공한 천남생은 당나라 장수와 함께 조국을 공격하는 '이적利敵' 행위를 저지른다. 마침 당나라 장수의 이름도 '이적李勣'이다.

'남생, 남건, 남산' 삼형제는 인생 말년에 서로의 잘못을 깨닫고 화해했다…로 끝나면 해피엔딩이겠으나 거의 유일한 자료인 《삼국사기》와 《신당서》에는 그런 기록이 없다. 사실 이를 연구할 연구자도 거의 없다. 고구려 전공자만 수백 명에 달하는 중국과 달리 한국의 고구려 전공자는 1990년대까지 10명 내외였다.

---

* 연개소문이 666년에 사망했다고 기록한 자료들이 많다. 《삼국사기》를 인용해서 그렇다. 천남생 묘지墓誌(죽은 사람의 태어나고 죽은 일시와 행적 등을 기록해 같이 묻은 글)에 따르면 연개소문은 665년에 사망했다.

** 당나라 서울은 장안이다.

연구 성과로 스토리를 늘릴 수 없는 구조다. 그 이유를 역사 분야 전공자에게 물었더니 고대사는 안 팔려서 그렇단다. 조선을 전공해야 그나마 연구자로 살아갈 가능성이 높다고 한다. 전해들은 말이라 신빙성은 떨어지니 심각하게 생각하진 마시길.

여기서 의문. 아버지는 '연'개소문인데 아들은 왜 '천'남생일까? 당 고조 이연李淵의 이름에 '연'이 있어 비슷한 의미의 천泉으로 바꾼 것으로 보인다. 이를 '피휘'라 한다.***

*** 《삼국유사》는 신라 문무왕文武王을 문호왕文虎王으로 기록했다. 고려 혜종의 이름이 '왕무王武'라 '무'를 피한 것이다. 참고로 《삼국유사》는 고려 후기에 집필되었다. 진시황은 아버지의 이름에 '초楚'가 들어가 초나라를 형나라로 부르게 했다. 또한 북한 사람 중에 7월 8일이 생일인 사람은 없다고 한다. 김일성이 죽은 날이기 때문이다. 이것도 피휘라면 피휘다. 전체주의 사회는 원래 이렇다.

008

입진보 귀족의
유배 생활

#유배문학 #도스토옙스키

1. 귀족 집안의 자식이다.

2. 24세에 쓴 데뷔작으로 벼락 스타가 되었다.

3. 병역도 마쳐 남자 아이돌들의 최대 고민인 '군백기'가 없다.

어쩌라고?

남.은.인.생.탄.탄.대.로.

도스토옙스키^{Dostoevsky}의 이력이다. 그는 당시 러시아 지식인들
사이에 유행하던 토론 클럽에 참여해 생시몽, 푸리에 등 프랑스

공상적 사회주의자들의 책을 읽으면서 행동은 전혀 하지 않는 '입진보' 노릇도 했다. 그러다 잡혔는데 죄목이 무시무시하다.

'범죄 음모에 가담하고 교회와 권력을 비난했으며 반정부 문서들을 퍼뜨리려 했다.'

'입'진보라서 입만 처벌할 줄 알았는데 총살이란다.

1849년 12월 22일, 수도 페테르부르크의 세묘노프스키 광장. 두건을 쓴 도스토옙스키는 군인들이 총알을 장전하는 동안 28년 인생을 한 문장으로 요약한다.

'살 수 있다면 삶의 단 1초도 낭비하지 않을 텐데.'

처형 직전에 황제가 보낸 특사가 난입한다. 그의 형刑을 시베리아 유배 4년으로 깎아준단다.

모든 게 쇼였다. 감형은 훨씬 전에 결정되었다. 사형 집행 몇 초 전에 알림으로써 황제의 은혜가 무의식까지 박히도록 설계한 심리극이었다. 죽음에서 살아난 이들의 반응에 즐거워하던 황제의 관음증도 한몫했다.

무의식은 모르겠으나 이 과정에서 미친 사람이 여럿 생겼다. 도스토옙스키는 이때 얻은 간질로 평생 고통 받는다.

어쨌건 유배를 마친 그의 고백이다.

'집을 지으라면 상당수 죄수들은 그 일에 빠져 열심히 시간을 견뎌낸다. 하지만 이쪽의 돌무더기를 저쪽으로 옮긴 뒤, 다시 이쪽으로 옮기고 또 저쪽으로 옮기게 하고, 이 일을 매일 반복하면 죄수들은 스스로 목을 매달거나 어떤 식으로든 삶을 놓아버린다. 무의미한 노동, 결과 없는 노동은 죄수에게 최고의 고문이다.'

'그럼에도 찬란한 영혼들이 있었다. 사회에서 가장 비천한 자들이, 교육받지 못하고 핍박만 받은 자들이 시베리아 시궁창에서 쓰레기처럼 밟히면서도 풍요로운 감성과 정신의 빛을 발휘할 때가 있다.'

이 빛을 발견한 도스토옙스키는 정신적으로 영적으로 완전히 변한다. 시베리아 유배지는 영혼을 정화하는 장소로 그의 문학에 등장한다.

- 도스토옙스키는 내가 무언가를 배운 유일한 심리학자다.

  _니체

- 그는 셰익스피어와 견줄 수 있다.   _프로이트

- 도스토옙스키는 어떤 과학자들보다 나에게 많은 것을 주었다.

  _아인슈타인

- 인생에 대해 알아야 할 것은 《카라마조프 가의 형제들》에 다 들어 있다.   _커트 보네거트

- 모든 소설가들이 쓰고 싶은 궁극의 소설이 《카라마조프 가의 형제들》이다. _무라카미 하루키
- 삶에 절망이 올 때 도스토옙스키를 읽는다. _헤르만 헤세
- 톨스토이가 큰 산인 줄 알았는데 뒤로 물러서서 보니 그 뒤엔 도스토옙스키라는 거대한 산맥이 있었다. _앙드레 지드

그런데 궁금하다. 다시 살아난 도스토옙스키는 단 1초도 낭비하지 않고 살았을까?

원고료를 대부분 도박장에서 날린 것으로 보아 그는 시간은 물론 돈 낭비도 했다. '노름꾼'이란 작품을 쓰기 위한 자료조사였다면 할 말 없지만.

똥꼬 가려운
도스토옙스키

#42행성서 #사회주의리얼리즘

1397년 출생자 중 가장 유명한 두 사람이 있다.

첫 번째는 이도李祹, 즉 세종대왕이다. 거의 완벽한 인물이지만 국내용이라는 아쉬움이 있다. 두 번째 인물은 진정한 월클*, 구텐베르크다. 미국 주간지 〈타임〉이 그를 'A.D.1000~1999년까지 인류에게 최대의 영향을 끼친 인물'로 선정했을 정도다.

구텐베르크는 1450년대 중반 라틴어로 된 성경 180부 정도를 금속활자로 인쇄했다. 150부는 종이, 30부는 값비싼 양피지에

---

*   월드 클래스.

인쇄했다. 한 쪽에 42줄을 인쇄해 '42행 성서'라 불리는 이 성경은 현재 49권만 남은 것으로 추정된다. 이《42행 성서》를 보유해야 '월클 도서관'으로 인정받을 수 있다.

《42행 성서》는 1454년 프랑크푸르트 도서 시장에서 순식간에 매진되는데 이때부터 엄청 비싼 책이었고 20세기에는 세계에서 가장 비싼 책이 된다. 1978년 경매에서 240만 달러에 팔려 기네스북에 올랐으며 1987년 경매에선 540만 달러(한화 약 123억 원)에 일본 게이오 대학에 팔렸다. 덕분에 아시아에선 일본이 유일하게《42행 성서》를 보유하고 있다. 한 쪽씩 거래되기도 하는데 대략 1억 원 정도에 팔린다.

총 1,282쪽 중 한 쪽도 유실되지 않은 완벽본은 17권이다. 이 중 양피지에 인쇄된 보물 중의 보물은 4권에 불과하다.**

양피지만큼은 아니지만 종이본도 보물 중의 보물이다. 가공할 한파가 덮친 지구를 배경으로 한 영화 〈투모로우〉에서 뉴욕 국립도서관***으로 피신한 주인공 일행은 책을 불태워 체온을 유지한다. 수많은 책들을 불태울 때 도서관 사서가 끝까지 보호한 책이《42행 성서》다. (그는 기독교인도 아니었다.)

모스크바에 있는 러시아 국가 도서관 역시《42행 성서》를 보

** 프랑스 파리 국립도서관, 독일 괴팅겐 니더작센 주립대학 도서관, 영국 런던 영국도서관, 미국 워싱턴 D.C. 미국의회도서관에서 보관 중이다.

*** New York Public Library. 번역이 틀렸다. 뉴욕 공공도서관 혹은 뉴욕 공립도서관이 맞다.

유하고 있다. 단테, 코페르니쿠스, 다윈을 비롯한 수많은 지성들의 초판본과 함께 도스토옙스키의 친필 원고도 소장하고 있다. 게다가 249개 언어로 된 4,300만 점의 소장 자료는 세계 최고 수준이다. 그래서 러시아의 자랑이자 자존심이다. 이런 도서관 정문에 동상을 세운다면 어떤 인물이 어울릴까? 후보는 두 명이다. 도스토옙스키와 톨스토이^{Lev Nikolayevich Tolstoy}.

공산주의 소련 시절 원탑은 톨스토이였다. 그는 '프롤레타리아'의 대변자로 숭상 받았다. 반면 사회주의와 자본주의 둘 다 부정하고 '인간 내면 문제'를 파고들었던 도스토옙스키는 '프롤레타리아의 삶에 좁쌀 한 톨만큼의 도움도 안 되는 자'로 멸시받았다. 전체주의 사회는 원래 이렇다. 정치, 경제, 사회, 언론뿐만 아니라 문학까지 통제하려고 한다.****

어쨌든 도스토옙스키와 톨스토이 중 선택된 사람은?

레닌^{Lenin', Vladimir Il'Ich}이다. 원래 독재 정권은 이렇다.

소련이 무너지고 러시아가 부활하자 도스토옙스키 역시 부활한다. 1997년 모스크바 건설 850주년 기념일, 레닌 동상을 치운 자리에 마침내 도스토옙스키의 동상이 들어선다. 바실리 페로프

**** 두 사람의 비교에 관한 심오한 논증은 천재 비평가 조지 스타이너의 《톨스토이냐 도스토예프스키냐》(서커스. 2019)를 참고하면 좋다.

Vasily Grigorevich Perov 가 그린 〈도스토옙스키의 초상〉(1872)을 토대로 러시아 최고 조각가 알렉산드르 루카비슈니크가 만들었다.

그런데 러시아 시민들이 충격에 빠졌다. 소설가 막심 고리키 Maxim Gorky의 말마따나 '진정한 예술은 과장할 권리를 가지고 있다'는 것이 사회주의 리얼리즘이었기 때문이다.*****

구부정한 어깨에 힘없이 늘어진 팔, 의자 끝에 살짝 걸터앉은 구부정한 자세. 세상 고민은 홀로 떠안은 표정. 과장은커녕 대문호의 초라한 모습에 러시아인들의 불만과 혹평이 쏟아졌다.

"치질 환자냐?"
"똥꼬 가려운 노인이네."

사람들은 신화를 원했지만 예술가는 진실을 구현했다. 이래야 예술이다.

***** 사회주의는 무너졌지만 러시아인들이 사회주의 문화에서 빠져나오는 데는 시간이 꽤 걸렸다.

정조와 정약용

#초계문신 #조선의홈스쿨러

유배는 종종 국가권력이 징벌 형식으로 반대자를 제재하는 수단이었다. 하지만 유배자의 입장에서 유배는 번잡한 정치현실에서 벗어나 학문과 예술을 갈고 닦을 수 있는 기회가 되기도 했다.

도스토옙스키는 유배 4년간 머릿속으로 글을 썼다. 솔제니친 Aleksandr Solzhenitsyn은 3년의 유배 후 쓴《이반 데니소비치의 하루》로 노벨 문학상을 받았다. 다산 정약용은 유배 18년 동안 독서와 집필에 전념하며 500권 가까운 책을 써냈다.

위인들의 유아기가 다 그렇듯 정약용 역시 네 살 때 천자문을 배우고 일곱 살에 이런 시를 짓는다.

> 작은 산이 큰 산을 가렸다
> 멀고 가까움이 다른 때문이지

대중가요 가사가 아름다운 요즘에야 유치할 수 있는 시詩지만 다산은 어린이집 졸업 무렵 원근법을 스스로 터득했다, 정도로 정리하자.

그의 아버지의 평가에 따르면 그는 수학과 과학에도 뛰어났다. 나중에 수원 화성을 설계하고 거중기를 발명하는 게 우연은 아니라는 말이다. 유전자의 힘이다. 엄마의 혈관엔 윤선도의 피가 흐르고(윤두서*가 할아버지다) 아버지 쪽 역시 대대로 명문가다. 게다가 뭘 해도 뿜어나는 아들의 천재성. 이런 아들을 둔 아버지는 어떤 선택을 할까?

홈스쿨링이었다.

여섯 살 무렵부터 아버지가 직접 가르쳤다. 아들이 10대로 접어들자 잠시 벼슬을 내려놓고 교육에 올인하기도 했다. 정약용

---

* 공재 윤두서(1668~1715): 우리에겐 〈자화상〉으로 유명한 선비화가. 겸재 정선, 현재 심사정과 함께 조선 후기 3재로 불린다. 정약용의 외증조할아버지이고 윤선도의 증손자다.

이 스물두 살 되던 해에 소과(예비고사)에 급제하자 정조가 눈도 장을 찍는다. 28세가 되는 1789년에 수석으로 대과(본고사)를 통과한다. 원래는 차석인데 장원이 탈락했다.

사법고시처럼 외무고시도 최종시험인 3차는 요식행위다. 2차 시험 합격자가 3차에 떨어지는 것은 사법고시와 외무고시를 동시에 패스하는 것보다 더 힘들다. 그 어려운 일을 서울대 인문대생 한 명이 해냈다. "외교관은 박봉인데 어떻게 살래?"라는 면접관의 질문에 부자 부인을 만나면 된다고 입방정을 떨다가 떨어졌단다. 1789년 원래 수석도 이런 케이스가 아닐까?

어쨌든 정조는 정약용을 단박에 '초계문신'으로 발탁해 '나는 얘를 너무 너무 좋아해'란 티를 팍팍 낸다. 초계문신제도란 왕이 직접 가르치고 시험치고 채점까지 하면서 스킨십을 강화하는, 군신관계에 사제관계까지 얹어 더블로 가는 엘리트 코스다. 정조는 정약용이 어지간히 좋았나 보다.

'정약용만큼 실력과 재주를 가진 사람은 드물다.' (1795)
'필체가 매우 훌륭하다.' (1796)

받은 만큼 돌려줘야 인간이다. 정약용은 한강을 건너는 주교舟橋(배를 이어서 만든 다리)를 고안하고 화성 건축 설계도 작성, 거중기 발명 등으로 사적인 일에 엄청난 비용을 들인다며 반대자들의 공격에 시달릴 수도 있었을 주군의 입장을 깔끔하게 정리해 준다.**

10년 이상 주군과 꿈같은 시간을 보내던 정약용은 1800년 정조의 갑작스런 죽음으로 초강력 보호막을 잃는다. 그리고 1801년 봄, 요즘이면 '생애전환기'라 위 내시경도 국가가 공짜로 해주는 나이 마흔에, 반대자들의 공격을 받고 포항시 장기면으로 유배를 떠난다. 그리고 그해 가을, 반대자들의 2차 공격으로 서울로 압송된 다산은 두 번째 모진 고문을 당하고 전라남도 강진으로 18년이 걸릴 유배를 떠난다.

** 수원에 있는 부모님 무덤에 가기 위해 '한강 주교'가 필요했고 수원에 신도시를 만들어 살려고 화성을 건축했으며 화성을 건축하는 인건비를 획기적으로 줄인 게 거중기다.

삶은
계란이다

#시월드 #김수환추기경

정약용은 아홉 살에 엄마를 잃는다. 그 빈자리를 큰 형의 부인,
즉 형수가 채웠다. 엄마 같은 형수 '덕분에' 건강한 10대로 자랄
수 있었다. 형수가 31세 젊은 나이에 죽자 정약용이 글로 형수를
기린다.

　　형님 형님 사촌 형님 시집살이 어때요?

　　얘야 얘야 말도 마라 시집살이 개집살이

　　밭에는 당추* 심고 뒷밭에는 고추 심어

고추 당추 맵다 해도 시집살이 더 맵더라.

둥글둥글 수박 식기 밥 담기도 어렵더라.

도리도리 작은 밥상 수저 놓기 어렵더라.

오 리[*]롤 물을 길어다가 십 리⁺롤 방아 찧어다가

아홉 솥에 불을 때고 열두 방에 자리 걷고**

외나무다리 어렵대야 시아버지같이 어려우랴?

나뭇잎이 푸르대야 시어머니보다 더 푸르랴?

시아버지 호랑새요 시어머니 꾸중새요

동서 하나 모함새요 시누 하나 까칠새요

시동생 불만새요 남편 하나 미련새요

자식 하난 우는새요 나 하나만 썩는 샐세.

귀 먹어서 삼 년이요 눈 어두워 삼 년이요

말 못해서 삼 년이요 석 삼 년을 살고 나니

배꽃 같던 요 내 얼굴 호박꽃이 다 되었네.

　정약용의 작품은 아니고 고등학교 고전문학에 나오는 〈시집살
이 노래〉다. 이 노래가 오래 살아남은 건 공감하는 이가 많았다

---

* 　고추의 방언.

** 식구가 많으니 방도 많다.

는 말이 아닐까. 하지만 정약용의 형수는 달랐나보다.

시아버지 모시기가 어디 쉬운가
부인 잃은 시아버지는 더더구나

시어머니 모시기가 어디 쉬운가
계모인 시어머니는 더더구나

시동생 보살피기가 어디 쉬운가
엄마 잃은 시동생은 더더구나

이 모든 일을 환상적으로 잘했으니
이게 바로 형수님 인품일세

하지만 엄마 같은 형수 '때문에' 정약용의 인생은 완전 꼬인다. 형수의 동생 이벽은 중국에서 구한 책으로 가톨릭 교리를 익혀 신자가 되었다. 즉 한국의 첫 번째 가톨릭 신자인 셈이다. 세계 가톨릭 선교사에 전무후무한 사건이다.*** 형수의 사위 황사영

*** 조선의 가톨릭 수용 과정을 교회 울타리 밖에서 서술하는 좋은 책이 있다. 정병설, 《죽음을 넘어서》, 민음사, 2014.

은 가톨릭 신앙 때문에 27세이던 1801년에 사형(능지처참)되었다. 정약용은 이들과 어울려 한 때 가톨릭 신앙을 가졌고 이게 빌미가 되어 1, 2차 유배형을 받는다.

삶은 가까이서 보면 비극이지만 멀리서 보면 희극이라 했다. 비극에 시간을 더하면 희극이 된다고도 했다.[****] 정약용에겐 달랐다. 형수 '덕분에' 희극이었던 삶이 형수 '때문에' 비극으로 변했다. 비극에 시간을 더하자 비극은 더 깊어졌다.

우리라도 웃으며 끝내자. 김수환 추기경은 '삶은 계란'이라고 했다.[*****]

[****] 앞 문장은 찰리 채플린이, 뒷 문장은 코미디언 겸 작곡가 스티븐 앨런이 말했다. 스티븐 앨런은 8,000곡 이상을 작곡해 최다 작곡가로 기네스북에 올랐다.

[*****] 1922~2009. 한국 최초의 가톨릭 추기경.

아들아,
무조건 서울에
살아라

#정약용의서울사랑 #공부보다돈

아버지가 그랬듯 정약용 역시 아들에 대한 교육열이 높았다. 일단 인성 교육을 살펴보자.

> 효도는 누구나 하는 거니까 자랑할 거 없다. 작은 아버지가 조카를 친아들처럼 사랑하고, 조카가 작은 아버지를 친아버지처럼 공경해서 손님이 열흘을 함께 지내도 누가 친아버지고 누가 친아들인지 구별 못할 정도는 되어야 추하지 않은 집안이란다.

이행 집안과 반대로 하면 된다, 정도면 간단하고 임팩트 있지 않을까.

다음은 실학의 대부답게 재테크다.

> 과일 장사는 깨끗한 이름을 남길 수는 있지만
> 그래도 장사치일 뿐이다.
> 뽕나무를 심어 누에를 치면 선비로서의 폼도 잃지 않고
> 무엇보다 이익이 대박이다.
> 동네(유배지 강진)에 뽕나무 365그루를 심은 사람이 있는데
> 1년 번 돈이 평생 놀고먹어도 될 정도다.
> 대박이지 않니?
> 뽕나무가 우선이고 공부는 그 다음이란다.
> 올해도 오디(뽕나무 열매)가 잘 익었네, 무슨 말인지 알지?*

그 다음이 재밌다. 스무 살 언저리가 된 두 아들에게 정약용이
유배지에서 보낸 편지다.

> 애들아, 무조건 서울에서 살아야 해.
> 지금은 비록 시골에 살지만 반드시 서울로 진입해야 한다.

---

*   원문이 궁금하다면 다음 책을 참고하길 바란다. 정약용, 《유배지에서 보낸 편지》, 박석무 편역, 창비, 2006, 180쪽.

왜냐고?

중국은 문명의 아우라가 시골까지 골고루 퍼져 있지만

우리는 서울 사대문에서 조금만 벗어나도 원시사회란다.

벼슬에 오르면 옥탑방이라도 무조건 서울에 살아라.

벼슬이 끊어지면 최대한 서울 가까이에 살아라.

무조건 서울에 집을 사야 해.

돈이 모자라면 서울 근교에 과일을 심고 생활하다가

재산이 조금 불어나면 바로 '인 서울' 하거라.

명심해라. 한 번 서울에서 멀어지면

영원히 들어갈 수 없단다.**

정약용의 편지를 현대 버전으로 해석해봤다. 무슨 말일까?

예나 지금이나 서울에 집 장만하기 힘들다. 참 힘들다.

** 정약용에 실망하지 않길 바란다. 당시 다른 실학자들의 생각도 얼추 비슷했다. '우리나라는 도성에서 몇 리만 밖으로 나가도 시골티가 팍팍 난다.'(박제가, 《북학의》), '시골 사람이 서울 사람 흉내 내봐야 결국 촌놈이다.'(박지원, 《연암집》)

다산의 두 아들은
'인 서울'에
성공했을까?

#농가월령가 #서울집장만

다산 정약용의 고향은 경기도 남양주이며 아버지 임지를 따라 20세까지 거의 시골에서만 살았다. 다산 본인은 언제 서울 집 장만에 성공했을까?

스물 한 살이던 1782년 봄, 남대문 근처에 집을 구입한다. 당연히 아빠 찬스였다. 그런데 1년 남짓 살다 근처 회현동으로 이사한다. 무슨 일이 있었던 걸까?

장인 찬스였다. 서울 명문가인 처갓집이 회현동에 있었다.* 그렇다면 정약용의 두 아들은 '인 서울'과 집 장만에 성공했을까?

큰 아들 정학연은 애매하다. 일흔 살 무렵인 1852년, 궁궐이나 관청을 수리하는 선공감^{船繕監}의 최말단 관리에 뽑힌다. 종9품이니 요즘으로 치면 9급 공무원이다. 그런데 시험에 합격한 것이 아니라 '음사^{蔭仕}'로 뽑혔다. 좋은 집안 아이들에게 그냥 관직을 주는 아빠 찬스 혹은 할아버지 찬스였다.

둘째 아들 정학유는 더 애매하다. 벼슬은 평생 못했다. 하지만 그가 지은 〈농가월령가〉가 대박이다. 고등학교 국어 참고서와 문제집에 실려 서울 대형서점에 수십 년째 '인 서울' 중이다.

2012년 이후 대한민국에선 4월만 되면 〈벚꽃엔딩〉이 여기저기 난리다. 원곡을 제대로 들어본 적 없는 사람도 가사를 전부 외울 정도. 이 정도면 저작권 수입이 얼마나 될까? 6년간 저작권료 수입이 60억 원이란다. 고등학교 음악교과서에도 실렸다. 봄만 되면 작곡가의 통장에 거액이 꽂히니 '벚꽃 연금'이라 불리고 봄만 되면 살아난다고 '벚꽃 좀비'라고도 한다.

〈벚꽃엔딩〉의 왕좌를 빼앗기 위해 봄을 겨냥한 노래들이 몇 년째 도전 중이지만 아직은 역부족인 듯하다. 그래서 제안한다. 한 해 동안 농사를 지으면서 신경 써야 할 포인트를 1월부터 12월까지 나눠서 지적한 〈농가월령가〉로 노래를 만들면 이론적으론 〈벚꽃엔딩〉의 열두 배를 벌 수 있다. 게다가 〈농가월령가〉는 원

---

*   정약용의 장인은 병마절도사를 지낸 홍화보다. 지금으로 치면 사단장(투 스타) 정도의 벼슬이다. 홍화보는 사위를 대단히 예뻐했다.

래부터 노래다. 리메이크만 하면 된다.

〈농가월령가〉 2월은 의료비가 비싼 미국에 권한다.

> 병원비가 부담되면 약초를 캐먹어라
>
> 빈손으로 가지 말고 《본초강목》 들고 가라

다음은 중2들을 위한 〈농가월령가〉 10월이다.

> 부모님이 실수해도 그냥그냥 넘어가라
>
> 부모 과실이 하나면 네 잘못은 수만 개니

〈농가월령가〉 11월은 뼈를 때린다.

> 절반 떼어 카드 막고 나머지는 공과금
>
> 은행 잔고 한 자리지만 마음만은 편하구나

그렇다면 〈농가월령가〉 5월은 어떻게 활용하면 좋을까?

> 아침이 밝아오니 붉은 앵두 더 빨갛네
>
> 소리치는 꼬마 닭들 울음인가 노래인가

정약용과
김정희

#평안감사 #아빠찬스

귀양이 풀려 고향에서 평화로운 시간을 보내던 정약용은 1828년에 깜짝 놀랄 선물을 받는다. 중국 강남산盧 수선화. 게다가 화분은 고려청자였다. 누가 보냈을까?

추사 김정희가 보냈다.

왜?

정약용을 존경하고 마음의 스승으로 모셨기 때문이다. 모르는 게 있으면 편지로 질문까지 했다.

뭐, 질문 좀 할 수 있지.

없다. 김정희는 그런 캐릭터가 아니다.

조선 4대 명필 – 안평대군, 양사언, 한석봉, 김정희
한국 4대 명필 – 신라 김생, 고려 탄연, 안평대군, 김정희

어릴 때 각인된 학습 효과에 따라 명필하면 떡 썰던 엄마 옆의 한석봉을 생각하지만 추사가 한 수 위다. 게다가 추사는 멀티플 레이어였다. 서울대 국사학과 정옥자 교수의 평가다.

전공필수: 문학(A⁺), 역사(A⁺), 철학(A⁺)
교양필수: 시(A⁺), 글씨(A⁺), 그림(A⁺)

뒤의 일이지만 벼슬도 '국방부차관'과 '서울대총장' 비슷한 경지까지 오른다. 어쨌건 선물을 받고 감격한 스승이 지은 시다.*

　성스러운 모습의 수선화를 받았다
　외딴 마을 동떨어진 시골에선 보기 드문 꽃
　어린 손자는 수선화 줄기를 부추에 비유하더니
　어린 여종은 마늘이 싹튼 것이란다

---

* 　추사는 재밌는 캐릭터다. 정약용에게 편지를 보내 '자기 견해를 너무 내세운다'며 타박하기도 했다.

쓸데없지만 궁금한 질문 하나. 김정희는 저 귀한 물건을 어디서 구했을까?

평안 감사인 아빠 찬스였다.

질문 하나만 더 하자. 아빠는 어디서 수선화를 구했을까?

평양 감사도 저 싫으면 그만이다.

평안 감사도 저 싫으면 그만이다.

어떤 게 맞을까? 평안 감사(관찰사)는 평안도 최고 권력자다. '평안도지사 + 평안지방경찰청장 + 사단장' 정도의 권력이라 보면 된다. 이런 분에게 평양 감사라고 하면 뺨맞는다. 권력이 절반 이하로 확 줄어드니 말이다. 평양 감사 자체가 없다.

높은 자리에 오르면 파리가 꼬이는 법이다. 중국에 갔다 돌아오던 사신이 김정희 아버지에게 중국 강남의 수선화 한 그루를 상납한다. 당시엔 엄청 귀한 꽃이었다고 한다.

고려청자 화분은 김정희가 구했다. 어디서 구했는지는 모른다.**

** 김정희의 삶과 예술은 《완당평전》(학고재, 2002)을 참고하면 좋다. 다만 책에 오류가 상당하고 개정판에도 오류가 많다는 전문가들의 지적이 있었다는 점은 염두에 둘 것. 좀 더 간단한 책으로는 《세한도》(문학동네, 2010)가 있고, 더 간단한 책으로는 《새로 쓰는 제주사》(휴머니스트, 2005)가 있다.

015

바람이 키운
예술가

#서정주 #모슬포

추사 김정희(1786~1856)를 모르는 한국인은 드물다. 하지만 그를 제대로 아는 사람도 드물다. 일단 경주 김 씨 집안에 양해를 구한다.

1809년 10월 28일, 24세의 추사는 사신단의 부책임자쯤 되던 아버지 김노경을 따라 베이징으로 향한다. 두 달 간 체류하며 중국 최고 지식인들과 교류한 그가 종파티에서 발표한 시다.

　내가 태어난 곳은 촌스럽고 미개한 나라

　여러분과 비교하니 내 자신이 너무 부끄럽다

이게 김정희의 캐릭터다. 2016년 교육부 고위 관료가 했던 말과 결이 같다.

"민중은 개, 돼지로 취급하면 된다."*

30년쯤 지난 1840년, 제주도로 유배 가던 추사가 전주를 지난다. 소식을 들은 이삼만(1770~1847)이 정중하게 추사를 모신다. 이삼만은 전라도에서 한석봉의 재림이라 불리며 명성이 높던 71세 문학가다. 자신의 작품들을 평가해달라고 대가를 초빙한 것이다. 이삼만의 제자들까지 죄다 모인 자리에서 추사는 이렇게 말한다.

"글솜씨로 밥은 굶지 않겠네요. 시골에선."

55세가 되어서도 변함없는 추사의 주둥, 아니 입.

제주도 남서쪽 끝 대정으로 유배 온 그가 내린 삶의 질에 대한 종합 평가는 이렇다.

독우毒雨, 독열毒熱, 독풍毒風

그 중에 제일은 독풍이다. 겨울에는 북서풍이 태풍 급으로 몰

* 〈경향신문〉 2016년 7월 9일자 참조.

아치고, 여름엔 동중국해에서 불어오는 습한 바람이 사람을 무기력하게 만드는 곳. 그래서 그 지역 포구 이름이 '못살포'다. 바로 지금의 모슬포다.

천재 시인 서정주는 '나를 키운 건 8할이 바람이었다'는 멋진 시구詩句를 남겼다. 하지만 '일제 찬양, 가미카제 미화**, 독재자 찬양' 등 평생을 부끄럽게 살았으니 남은 2할이 문제였나 보다.

8년 3개월 간 바람을 맞은 추사는 어떻게 변했을까?

환갑이 훨씬 지난 63세에 석방된 추사는 이삼만을 만나러 전주에 간다. 하지만 그는 몇 년 전에 죽은 후였다. '이곳엔 일생을 글씨를 위해 살다 간 위대한 명필이 잠들어 있으니 아무도 이 무덤을 훼손하지 말 것'이라는 글을 무덤에 남겼다는 말이 있다.

가장이 유배를 가니 집안은 풍비박산났다. 서울 중심가에 위치한 자택은 진즉에 안동 김 씨가 쏙삭했다. 고향 옛집에 잠시 살던 추사는 돈을 싹싹 긁어 한강대교 북쪽, 용산 강변에 집을 마련한다. '마-용-성'의 용산에다 한강 조망까지 확실하니 요즘에야 최고 입지지만 당시엔 서울 변두리였다. 아웃 서울이다.

** 태평양 전쟁 후반부에 출현한 일본군 자살 특공대다. 폭탄을 가득 실은 1인용 전투기를 타고 미군 군함에 부딪쳐 자폭했다. 가미카제는 비행기가 대부분이지만 드물게 1인용 잠수함도 있었다. 제주 성산일출봉이 바다와 면하는 곳에 일제가 파놓은 동굴이 여럿 있는데 그 중 몇 개는 가미카제 잠수함을 숨겨놓던 곳이다. 아직도 그 흔적이 남아있다.

여기서도 얼마 살지 못하고 다시 유배를 간다. 이번엔 북쪽 끝 북청이다. 다행인 건 기간이 짧았다.

추사의 최종 거주지는 경기도 과천이었다. 과천 경마장 뒤쪽에 아버지가 잘 나가던 시절 사놓은 밭과 야산이 있었다. 다음은 1856년 4월 25일, 71세로 사망한 추사가 죽음을 목전에 두고 남긴 명작이다.

大烹豆腐瓜薑菜(대팽두부과강채)
高會夫妻兒女孫(고회부처아녀손)

세상에서 제일 맛있는 반찬은 두부, 오이, 생강, 나물
세상에서 제일 훌륭한 모임은 부부, 자녀, 손자와 같이 있는 것
***

미슐랭 3스타보다 풀떼기만 있어도 가족과 먹는 밥이 최고다.

*** 추사로서는 이룰 수 없는 꿈이었다. 추사의 아내는 14년 전, 즉 제주 유배 시절에 이미 세상을 떠났다.

016

서귀포 앞바다는
동중국해다

#센카쿠 #댜오위다오 #변시지

우리나라는 3면이 바다로 둘러싸여 있다고 배웠다. 정말 그럴까?

하나 더 있다. 동중국해.

추사를 철들게 한 바람의 5할쯤은 동중국해에서 불어왔고, 추사가 8년 이상 매일 바라봤던 바다도 동중국해이며, 한여름 발을 담그었을 바다 역시 동중국해다.

동중국해의 정체를 밝히기 위해 바다 위에 가상의 선을 긋자.

① 양자강 하구 – 제주도 서쪽 끝*

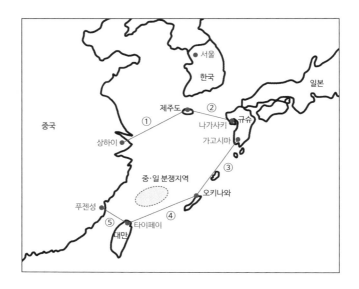

② 제주 동쪽 끝** – 일본 규수

③ 규슈 – 오키나와

④ 오키나와 – 대만

⑤ 대만 – 중국 푸젠성 동쪽 해안

이 다섯 개의 선이 만드는 안쪽 공간이 동중국해다. 따라서 제

주도 남쪽 바다는 다 동중국해라고 보면 거의 맞다.

  협재, 곽지, 삼양 해수욕장 – 남해
  화순, 중문, 표선 해수욕장 – 동중국해

  중문에 있는 신라호텔과 롯데호텔 테라스에서 보이는 바다는
동중국해, 서귀포의 이중섭이 배고파 잡아먹던 게도 죄다 동중
국해산産. 변시지***가 그린 바다도 대부분 동중국해다.
  우리나라를 관통하는 태풍의 대부분은 동중국해를 거쳐 온다.
하멜의 배를 난파시켜 제주도로 유도한 파도도 동중국해의 파도
였다. 중동에서 수입하는 석유도 동중국해를 거쳐 온다. 동중국
해는 생각보다 우리와 인연이 깊다.
  이 바다의 주도권을 놓고 중국과 일본이 싸운다. 막대한 석유
와 가스가 매장되어 있기 때문이다. 특히 심각한 곳은 동중국해
구석의 여덟 개 무인도다. 이름도 많다.

  일본: 센카쿠尖閣列島 – 일본 오키나와에서 서쪽으로 410km
  중국: 댜오위다오釣魚島 – 중국 본토에서 남동쪽으로 330km

*** 1926~2013. 한국보다 일본과 미국에서 더 유명한 제주 출신 화가. 미국 스미스소니언 박
   물관에 그의 작품 두 점이 2007년부터 10년간 상설 전시되었다. 서귀포 기당미술관 변시지
   상설전시실에 가면 그의 작품 25점을 볼 수 있다.

대만: 댜오위타이釣魚臺 – 대만에서 북동쪽으로 170km

현재까진 일본이 섬들을 실효지배하고 있는데 두 나라는 잊을 만하면 한 번씩 충돌한다. 2012년에 일본은 여덟 개 섬 중 세 개를 개인소유자로부터 사들여 국유화했다. 당연히 중국 여론은 부글부글 들끓었다.

사건 직후 총리가 된 아베는 아예 미국을 끌어들였다. 두 나라는 2014년 '미·일 안보조약'에 의해 센카쿠 열도 방어가 미국의 의무임을 공식화했다. 중국 여론은 폭발한다.

당시 중국에서 유행하던 유머다.

신께서는 스마트폰이 필요하자 스티브 잡스를 데려갔다.

대통령이 부족하자 넬슨 만델라를 데려갔다.

댄스 파트너가 없자 마이클 잭슨을 데려갔다.

전능하신 신이시여, 혹시 개는 필요하지 않으신가요?

제발 아베 좀 데려가세요!

017

이어도는
우리 땅이
아니다

#소코트라록 #보면죽는섬

동중국해엔 이어도도 있다. 이어도는 우리 땅일까?

모든 문제가 옳다는 생각, 편견이다. 문제가 틀렸다. 이어도는 '땅'이 아니다. 이렇게 물어야 맞다.

"이어도는 우리 영토에 속할까?"

일단 이어도의 위치를 살펴보자.

– 북위 32도 07분, 동경 125도 10분

– 제주도 마라도에서 남서쪽으로 149km

– 중국 서산다오에서 동쪽으로 287km

  – 일본 조도에서 서쪽으로 276km

이어도는 수면 4.6m 아래에 있는 암초라 밀물이건 썰물이건 평소에는 보이지 않는다. 섬이 아니라는 말이다. 그냥 암초다. 냉정하게 말하면 이어'도島'가 아니라 이어'초礁'다.

암초는 국제법상 누구의 영토도 될 수 없다. 그래서 한국과 중국은 2006년 이어도가 수중 암초이므로 영토 분쟁의 대상이 아니라는 데 합의했다. 다시 말해 우리 땅도 아니고 우리 영토도 아니다.

그런데 잠깐만, 수면 아래 잠복한 암초를 어떻게 알게 됐을까?

엄청난 파도가 쳐 바다가 이리저리 뒤집히면 보인다. 태풍이나 태풍에 버금가는 악조건이 되어야 이어도가 보이는 것이다. 그래서 이어도를 봤다는 말은 바다 한가운데서 엄청난 풍랑을 만났다는 말이다. 죽음을 피할 수 없다는 말이기도 하다.

백에 하나, 천에 하나 살아남은 어부들의 목격담이 쌓이면서 이어도의 존재는 제주 사람들에게 드러났고 이어도는 죽음의 섬으로 인식된다. 하지만 희귀한 목격담이 살에 살을 붙여 어느새 이어도는 환상의 섬, '놀고 먹어도 되는' 이상향으로 둔갑하며 사람들 사이에서 문화로 소비된다.

옛날 제주 사람들이 말하던 이어도가 지금 그 이어도인가?

알 수 없다. 비슷한 수중 암초가 몇 개 있기 때문이다. 게다가 수중 암초를 가리키는 이름 자체가 '여' 또는 '이어'다.

전설의 이어도를 지금의 이어도와 연결시킨 것은 1984년 제주대학교 탐사팀이다. 몇몇 문서엔 1951년 대한민국 해군과 한국 산악회가 '대한민국 영토 이어도'라고 새긴 동판을 이어도에 던지고 왔다는데 그럴 리 없다. 한국전쟁 중에 해군이, 배로 10시간 거리를, 눈에 보이지 않는 섬을 가볼 리 없다.

사실 전설의 이어도를 지금의 이어도와 연결한 원조는 일본이다. 일본과 중국을 오가던 영국 화물선 소코트라호가 1900년 이어도에 걸려 좌초한 후 이어도의 공식 이름은 '소코트라 록^{Socotra Rock}'이 된다. 이때 일본인 학자 다카하시 도루^{高橋亨}와 조선총독부는 기막힌 발상을 한다. '소코트라 록'이 제주 사람들이 말하던 그 '이어도'라고 규정한 것이다. 왜 그랬을까?

제주도 사람들의 이상향 = 이어도 섬

조선 사람들의 이상향 = 일본 섬

너희들은 이상향을 찾았으니 식민 지배를 받아들이라는 의미다. 독립운동 같은 거 하지 말라는 말이다.

018

이어도와
한·중·일

#배타적경제수역 #EEZ

이어도가 우리 땅이 아니라니 섭섭하다. 소유했다 뺏긴 셈이라 박탈감마저 든다. 그래서 도전! 이어도가 우리 영토는 아니라고 치자. 그럼 이어도 부근은 우리 영해가 아닐까?

한 국가의 영역은 이렇게 구성된다.

영토領土

영해領海

영공領空*

영해는 연안에서 12해리(약 22km)까지다. 다만 대한해협은 부산과 대마도 사이가 너무 가까워 한·일 양국이 연안에서 3해리까지만 영해로 정했다. 이어도는 마라도에서 149km, 즉 80해리 거리니 우리 영해가 아니다. 물론 중국 영해도 아니고 일본 영해도 아니다.

혹시나 했는데 역시나 섭섭하다. 다른 방법은 없을까?

배타적 경제수역Exclusive Economic Zone, EEZ이 남았다. 자국 연안으로부터 200해리(370.4km)까지의 바다에 있는 모든 자원에 대해 그 나라에 독점권을 주는 것이다. EEZ에선 다른 나라의 배나 비행기가 마음대로 통행할 수 있다. 하지만 허가 없이 조업하면 처벌할 수 있다. 즉, 통행권을 빼놓고는 영해와 거의 같은 개념이다.

휴, 이제 겨우 이어도와의 연결 고리를 확보했다. 이어도는 우리 EEZ에 속한다. 그러나! 이어도는 일본에서 149해리(276km), 중국에서 155해리(287km)다. 일본 EEZ에도 속하고 중국 EEZ에도 속한다. 이렇게 EEZ가 겹칠 경우, 중간 지점을 기준으로 삼아야 한다는 것이 한국 주장이다. 마라도와 서산다오는 436km 떨어져 있고, 그 중간은 218km이니 마라도에서 149km 거리인 이어도 주변 해역은 우리 EEZ다.

중국 주장은 다르다.

---

* 영토와 영해의 상공. 대기권까지만 인정된다.

　'중국의 해안선이 더 길고 면적은 100배, 인구는 30배가 많으니 단순하게 중간 지점으로 EEZ를 나눌 수 없다. 대륙붕을 기준으로 해야 한다. 이에 따르면 서해의 3분의 2가 중국 EEZ다.'

　설득력을 떠나서 중국은 자기모순을 범하고 있다. 베트남과 통킹만의 EEZ를 논할 땐 대륙붕이 아니라 중간선을 기준으로 삼았다. 통킹만의 대륙붕 3분의 2가 중국이 아니라 베트남 쪽에 있었기 때문이다.

　사정이 이렇다보니 이어도 해역은 딱히 어느 나라의 EEZ라고 할 수 없다. 장차 한·중, 혹은 한·중·일이 이 문제를 두고 분쟁을 겪을 가능성이 충분하다. 사실 요즘 문제가 되는 것은 EEZ가 아니라 '방공식별구역'이다.

019

제주도는 과연
평화의 섬일까?

#방공식별구역 #이어도쟁탈전

만약 다른 나라 비행기가 영공 바깥 저 멀리에서 날아다닌다면?

No problem! 그건 자기들 마음이다.

만약 다른 나라 비행기가 영공을 침범하지는 않았지만 영공 근처에서 알짱거린다면?

신경이 쓰이기는 하지만 그것 역시 자기들 마음이다. 영공 바깥은 누구의 소유도 아니므로 모든 비행기가 자유롭게 날아다닐 수 있다. 하지만 영공 근처에서 비행기가, 특히 전투기가 배회하는 것은 해당該當 국가로서는 신경 쓰이는 일이다. 순식간에 영공을 침범해 공격할 수도 있으니까.

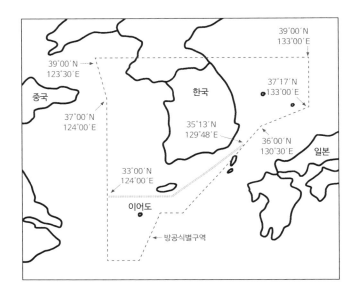

그래서 방공식별구역防空識別區域, ADIZ이 탄생했다. 영공 바깥에 일정한 범위를 정해 이곳에 들어오는 외국 비행기들은 해당 국가에 신고해야 한다. 만약 방공식별구역에 들어온 비행기가 수상한 행동을 한다면 해당 국가는 그 비행기에 이렇게 요청할 수 있다.

"Please, 좀 꺼져 줄래?"

1941년 12월 7일, 미국은 일본 전투기들이 하와이 진주만으로 다가오는 것을 포착한다. 하지만 자국 전투기로 오인하고 대응하지 않았다가 처절한 피해를 입었다. 항공구역이 국가 안보에 중요하다는 것을 깨달은 미국은 1950년에 자국 영토 동서남북에 세계 최초로 방공식별구역을 정한다. 이어서 한국전쟁이 한창이던 1951년 3월 22일, 미국 태평양 사령부는 우리를 대신해 한국의 방공식별구역^{KADIZ}을 설정했다. 이어도는 **쏙 빼버리고**.

그러자 찬스에 강한 일본은 이어도 상공을 날름 자기네 방공식별구역에 포함시켜버린다. 1969년의 일이다. 그날 이후 이어도 상공을 비행하는 우리 전투기와 여객기 들은 비행 정보를 일본 자위대에 알리고 '승인'을 받아야 했다. 독도는 물론 이어도까지 우리 것이라 철석^{鐵石}같이 믿고 있던 한국인의 믿음은 헛된 믿음이었다. 게다가 2013년에 일본의 방공식별구역이 우리 영공까지 침범하고 있는 것으로 밝혀진다. 1982년부터 영해 기준이 3해리(5.6km)에서 12해리(22km)로 확장되었는데, 3해리였을 때는 문제가 없었지만 12해리가 되니 일본 방공식별구역이 마라도 영공 일부를 침범하게 된 것이다.

어쨌거나 뒤늦게 한국은 2013년 12월에 이어도를 포함하는 새 방공식별구역을 선포했다. 하지만 역부족이다. 왜?

중국이 이어도를 노리고 있기 때문이다. 실제로 중국은 2013년 11월 23일, 새로 설정한 방공식별구역에 일본과 분쟁 중인 센카쿠 열도뿐만 아니라 이어도까지 포함시켰다.

중국은 왜 이럴까?

중국 군부의 숙원 사업은 미국 감시망을 뚫고 자유롭게 태평양으로 진출할 수 있는 힘을 키우는 것이다. 이를 위해 필요한 것이 동중국해 지배다. 이를 위한 필수 조건이 이어도와 센카쿠 열도를 자기네 땅으로 만드는 것이기 때문이다.

세계 평화의 섬 제주라는 이름이 무색하게 제주와 마라도 앞바다는 일제강점기 때 그랬던 것처럼 주변 강대국의 욕망들이 첨예하게 충돌하는, 평화가 단번에 깨질 수 있는 공간이다.*

---

* 지리와 지정학에 관해서는 다음 두 책이 쉽고 유익하다. 팀 마샬, 《지리의 힘》, 김미선 역, 사이, 2016. 아서 제이 클링호퍼, 《세계지도에서 권력을 읽다》, 이용주 역, 알마, 2012.

10년 안에
합격하지 못하면

#최치원 #국비유학생빈공

정약용보다 1000년쯤 앞서 아들에게 이런 말을 한 사람이 있다.

"무조건 서울에서 살아야 해."

최치원의 아버지 최충의 말이다. 서울은 서울인데 중국의 서울이다.

신라 하급귀족(6두품) 최충은 857년에 아들 최치원을 얻는다. 그런데 이 아들, 상태가 심상찮다. 네 살 때 글을 익히더니 초등학교 3학년 나이에 대학 과정을 끝내버린다. 암기력이 성공의 확실한 보증이던 '20세기' 한국에 태어났더라면 수능 만점, 서울 법대 최연소 입학, 재학 중 사법고시 합격, 서울중앙지검 부장검사, 검찰총장 등 뭐 이 정도로 삶이 풀렸을 것이다.

'9세기' 한국에선 불가능했다. 6두품이 출세하는 경로는 아빠 찬스로 고위직을 꿰찬 금수저들에 의해 철저히 봉쇄되었다. 최치원, 피케티 말마따나 시간을 잘못 골라 태어났다.

그나마 다행인 건 장소 변경 찬스는 있었다는 것이다. 하급귀족의 삶을 아들에게 물려주기 싫었던 아버지는 조기 유학으로 방향을 튼다. 당나라로 가는 배에 열두 살 어린 아들을 홀로 태우며 한 격려(?)다.

"10년 안에 당나라 과거를 패스하지 못하면 넌 내 아들이 아니다."

왜 10년일까?

당나라는 신라, 발해, 일본, 아랍, 페르시아 등 여러 나라 젊은 이들을 받아들여 태학에서 공부시키고 과거 응시 자격까지 부여했다. 해당 국가와 공동으로 책값, 밥값, 옷값까지 지불했다. 말하자면 국비 유학생을 뽑은 것인데 이를 빈공賓貢이라 한다.

그런데 제한이 있다. 빈공은 10년 안에 과거를 패스해야 한다. 못하면 정부 지원이 끊기고 비자도 만료된다. 불법체류자가 된다는 말이다. 아버지가 아들에게 10년 안에 합격하지 못하면 호적에서 파버린다고 한 이유다.

요즘 초등학생이 아빠한테 이런 격려를 들으면 단박에 가출하거나 비뚤어질 가능성이 높은데 최치원은 달랐다. 상투를 대들보에 걸고 송곳으로 허벅지를 찌르며 공부에 매진했다. 남이 백 번 읽으면 최치원은 천 번을 읽었다고 한다. 믿기지 않겠지만 이게 바로 공부 잘하는 확실한 비결이다. 어쨌건 결과는?

　　유학 6년만인 874년, 18세 나이에 과거에 급제하는 놀라운 기록을 세운다. 하지만 중국 언론의 관심을 받진 못했다. 그해 과거 시험의 스포트라이트는 온통 중국인인 귀인택의 차지였기 때문이다. 869년 장원(수석)을 차지한 형 귀인소를 이어 동생 귀인택까지 수석 합격한다. 이 집안 무섭다. 892년엔 귀인택의 아들 귀암까지 수석으로 과거를 패스한다.*

---

*　중국 북경 공묘孔廟(공자 사당)에 가면 역대 과거 급제자 5만여 명의 이름을 새긴 비석 200여 기가 있다. 원나라 때부터 시작된 일이라 최치원의 이름은 당연히 없다.

021

친중파 만들기
프로젝트

#과거제도 #빈공과

정조 때 학자 안정복이 쓴 《동사강목》의 기록이다.

> 신라는 당에 학생을 보내 태학에 들어가서 학업을 익히게 했는
> 데, 10년 기한이 차면 귀국하게 하고 다시 다른 학생을 파견했다.

여기서 의문. 신라 사람이 중국에서 과거*를 본다고? 외국인이
한국에서 행정고시를 보고 한국 공무원이 된다는 건데, 말이 돼?
된다. 일단 중국의 과거제도를 살펴보자. 587년(수나라 문제 7년)
에 처음 실시해 청나라 말인 1905년까지 1318년 동안 시행된

중국의 과거제도는 여러 한계에도 불구하고 세계에서 가장 민주적인 관료 선발 제도였다. 아빠 찬스, 즉 부와 권력의 대물림을 어느 정도 제어할 수 있었다는 점에서도 가치가 매우 높았다.[**]

게다가 송나라는 과거 시험에 참가한 빈공들을 위해 빈공과賓貢科라는 별도의 시험을 개설해 우대했다. 중국에서 아무리 오래 공부했다 하더라도 본토 학생들과 똑같이 시험을 보는 것은 불공평하다고 판단한 것이다.[***]

자국 학생들을 역차별하고 외국 학생에게 돈까지 지급하고. 중국은 왜 그랬을까?

유학생 가운데 상당수는 본국으로 돌아가 고급 관리가 된다. 중국 문화에 익숙하고 중국에 우호적인 고급 관리. 한마디로 친중파親中派가 된다는 말이다. 이런 식으로 중국은 외국 인맥을 관리해 '중국을 중심으로 하는 중화문화권'을 동아시아에 형성했다.

현대 미국과 일본이 이 정책을 엇비슷하게 따라했고 지금도

---

[*]   우리나라 과거제는 고려시대 때 시작되어 1894년까지 900년 이상 유지되었다. 베트남은 한때 실시했고 일본은 아예 실시하지 않았다. 1748년 사신으로 일본을 다녀온 조명채의 기록이다. '과거제도가 없어 똑똑한 사람들도 자포자기하고 어리석게 되는 것을 받아들인다. (경쟁과 노력을 하지 않아) 관직이 높은 자가 글도 모른다'.

[**] 영국은 1860년이 되어서야 경쟁시험에 의한 공무원 등용제도를 도입한다.

[***] 최치원은 중국 학생들과 똑같은 과거 시험을 봤다. 최치원이 당나라 '빈공과'에 합격했다는 기록은 한국에만 있다. 당나라 정사正史에는 빈공과에 대한 기록이 전혀 없다. 그래서 중국 학자들은 '빈공(국비 유학생)'은 당나라, 빈공과(빈공들을 위한 우대 시험)는 송나라 때 시작되었다고 본다.

하고 있다. 저개발 국가 인재들을 불러들여 공짜로 공부시켜 학위를 따게 한다. 이들이 고국으로 돌아가 고급 관리가 되면?

당연히 친미파, 친일파가 된다. 최소한 지미파^{知美派}, 지일파^{知日派}는 된다.

효과는?

경제 개발에 필요한 기술과 물자는 물론 자본까지 죄다 저들 나라에 의존할 가능성이 99.9퍼센트다. 공부를 지원해준 은혜에 감사해서 따위의 신파^{新派}가 아니다. 그냥 그 나라가 익숙하니까 그렇게 한다. 사람의 무의식을 지배하는, 이런 게 최고의 마케팅이다. (갑질에 분노하면서도 마트에서 잠시만 정신줄 놓으면 갑질 우유를 집어 드는 것처럼.)

이런 면에서 요즘 중국과 일본에 아쉬운 점이 많다. 빈공 제도처럼 깔끔하고 칭찬까지 받는 방법으로도 얼마든지 이웃 나라 엘리트들을 포섭할 수 있는데 왜 힘으로 주변 나라들을 굴복시키려 하는 걸까?

022

선 인간,
후 출세

#하버드육남매 #인성교육

희한한 가족 이야기다. 일단 프로필을 살펴보자.

아버지(고광림) – 서울대 졸업. 예일대 교수

어머니(전혜성) – 이화여대 중퇴. 예일대 교수. 사회학 박사

첫째 딸(고경신) – 하버드대 졸업. MIT 박사

첫째 아들(고경주) – 예일대 의학 박사. 하버드대 교수

둘째 아들(고동주) – 하버드대 의학 박사. MIT 철학 박사

셋째 아들(고홍주*) – 하버드대 박사. 예일대 법대 석좌교수

둘째 딸(고경은) – 하버드대 법학 박사. 예일대 법대 석좌교수

막내 아들(고정주) – 하버드대 사회학과 졸업

이 집 아이들은 둘 중 하나다. 하버드대 졸업 아니면 하버드대 교수. 부모 역시 예일대 교수다. 그래서 1988년 교육부가 연구 대상으로 삼을 정도였다.

한국 교육부? 아니, 미국 교육부가.

당연히 우리 관심은 이 어머니의 자녀 교육법인데 6남매의 어머니인 전혜성 박사의 대답이 생뚱맞다.[**]

"책 읽을 환경을 만들어주세요."

이건 뭐 많이 듣던 말이니까 패스. 두 번째 비법은?

"섬기는 사람으로 키우면 됩니다."

그녀 자신도 아버지로부터 '사람의 가치는 그가 얼마나 많은 사람들에게 도움을 주었는가'로 평가된다는 가정교육을 받고 자랐다. 그래서 전혜성은 '덕승재'를 가정교육의 첫째 원리로 삼았다.

德勝才

덕이 재주를 이긴다

---

[*] 국무부 인권 담당 차관보(클린턴 정부), 국무부 법률 고문(오바마 정부).

[**] 전혜성, 《섬기는 부모가 자녀를 큰 사람으로 키운다》, 랜덤하우스코리아, 2006.

먼저 인간이 되라는 말이다.

그녀는 6남매가 성적만 뛰어난 아이들로 자라는 걸 원치 않았다. 공부를 통해 이웃을 도울 수 있다고 가르쳤다. 그러자 아이들은 스스로 공부했고 존경받는 리더로 자랐다.

2009년 9월, 54세이던 셋째 아들 고홍주 박사가 상원 청문회에 출석한다. 미국 국무부 법률 고문으로 지명돼 상원의 인준을 받기 위한 청문회였다.

"공직公職에 봉사하는 것이 내가 미국에 진 빚을 갚는 길입니다."

본인은 부동산 투기, 탈세, 병역 면제, 위장 전입. 자식에겐 아빠 찬스, 아빠 친구 찬스, 아빠 친구의 친구 찬스 제공. 청문회에 나와선 '모르겠습니다. 기억나지 않습니다'만 반복 재생하는 모습에 익숙한 우리에겐 '가식이 아닐까'라는 의혹마저 나올 만한 발언이다. 하지만 고홍주 박사는 예일대 교수 시절, 신입생들의 첫 수업 때마다 비슷한 말을 했다.

"봉사의 세계에 들어온 것을 환영합니다."
"공익에 봉사하세요. 그럴 수 없다면 돈을 많이 벌어 기부금이라도 내세요."

미국 엘리트들의 반응은 어땠을까?

023

어디서 감히
서울대 교수한테

#와튼스쿨 #명문대학벌이란

"공익에 봉사하세요."

고홍주 박사의 말에 미국 젊은 엘리트들은 어떻게 반응할까? 수긍하고 삶의 목적을 바꾸는 학생들이 꽤 있다고 한다.

"수업 때 하도 많이 듣다 보니 공익을 위해 봉사해야 한다는 생각이 머릿속 깊이 박혀 늘 책임감을 느낀다. 학점 벌레가 되기보다는 더 큰 생각을 하기 위해 의식적으로 노력하게 되더라."

고홍주 박사만이 아니다. 하버드나 예일 등 세계 최정상급 대학에 가면 '공익'과 '봉사'란 말을 수시로 듣게 된다. 우리는 어떨까?

2017년 4월, 대선후보 TV 토론 중에 사회자가 후보자들에게 물었다.

"북한이 도발 수위를 높이고 미국이 군사 공격을 가하려고 한다면 어떻게 대응하겠나?"

A후보는 이렇게 대답했다.

"최우선적으로 미국 대통령과 통화하겠다. '와튼 스쿨 동문'인 트럼프 대통령에게 전쟁은 절대 안 된다고 말하겠다."

당연히 미국 대통령에게 전화해야지. 가능한 모든 도움을 구해야지. 그런데 뜬금없이 '와튼 스쿨 동문'이 왜 나오는 걸까? 술자리도 아닌 대선후보 토론회에서.

와튼 스쿨은 세계 최정상 경영대학원이다. 자랑할 만도 하다. 하지만 전혜성 박사와 자녀들은 학벌을 다음 단계를 향한 도약대로 삼지 않았다. 명문 대학에서 공부할 수 있다는 것 자체가 특혜이므로 명문대 출신은 약자를 위해 일해야 한다는 부채의식이 강했다.

A후보에게 명문대 학벌이란 어떤 의미였을까?

필자가 대학생이던 1990년대의 일이다. 교수님 두 분이 굳이 우리가 족구를 하고 있는 공간에 들어와 대화를 나누었다. 한참을 기다리다 정중히 비켜주십사 말씀드렸더니 이렇게 말했다.

"어디서 감히 서울대 교수한테."

대선후보 토론회를 하기 10개월 전인 2016년 7월, 즉 미국 대선이 한창이던 어느 날, 와튼 스쿨 재학생과 동문 들이 온라인에서 뭉쳤다. 4일 만에 3,000명이 서명한 내용이다.

– 트럼프 당신은 우리를 대표하지 않는다.

– 당신의 외국인 혐오, 성차별, 인종차별을 분명히 반대한다.

– 우리는 당신이 반복적으로 깎아내린 사람들*을 대표한다.

– 와튼 스쿨 출신이라는 사실이 편견과 불관용을 정당화하는
  데 활용되는 것에 분노한다.**

A후보도 서명했을까? 진심으로 궁금하다.

택도 없는
소리들

#트럼프 #염소가스

와튼 스쿨은 펜실베니아 대학 경영대학원을 말한다. 하버드대 경영대학원(하버드 비즈니스 스쿨)과 최정상을 다투니 자랑할 만도 하다. 펜실베니아 대학(이하 유펜) 자체도 아이비리그에 속하는 미국 최정상급 대학으로 졸업생 중 노벨상 수상자만 27명이다. 대통령도 두 명이나 배출했는데 둘 다 캐릭터가 독특하다. 두 번째 대통령은 트럼프다.

유펜이 배출한 첫 번째 대통령은 윌리엄 헨리 해리슨^{William Henry Harrison}이다. 9대 대통령인 그의 재임 기간은 1841년 3월 4일에서 4월 4일까지였다. 재임 기간이 가장 짧은 대통령이다.

쌀쌀한 날씨에 폭우까지 쏟아지는 와중에 진행된 대통령 취임식에서 유펜에서 의학'까지' 공부한 그는 웬일인지 재킷을 벗고 연설한다. 이날 걸린 감기가 폐렴으로 진행되었고 한 달 만에 세상을 떠난다.

여기서 의문. 감기가 폐렴이 될 수 있는가?

없다. 감기 원인균과 폐렴 원인균은 다르다. 일부 폐렴의 경우 초기 증상이 감기와 유사하기 때문에 감기가 폐렴으로 발전한 것처럼 보인다.* 그렇다면 폐렴으로 죽을 수도 있는가?

있다. 폐렴은 늑막염, 뇌수막염, 패혈증, 급성호흡곤란증후군 등 살벌한 합병증으로 이어질 수 있다. 사실 폐암보다 폐렴으로 죽는 사람이 더 많다. 2017년 폐암으로 죽은 한국인이 1만 7,980명인데 폐렴으론 1만 9,378명이 사망했다. 한국인 사망 원인 3위다.

특이한 미국 대통령을 한 명 더 만나보자. 다음은 30대 대통령 케빈 쿨리지John Calvin Coolidge를 다룬 1924년 5월 22일자 〈뉴욕타임스〉 기사다.

'케빈 쿨리지 대통령이 감기 치료를 위해 매캐한 염소 가스가

---

* 극히 드물게 감기가 폐렴으로 진행한다는 진술도 있는데 명확하지는 않다.

가득한 방에 한 시간 동안 앉아 있었다.'

당시 상당수 미국인들이 화학무기로 사용하던 염소 가스가 감기를 고친다고 믿었다. 염소의 매캐하고 따끔거리는 성질이 기침과 코풀기를 유도해 감기를 물리친다는 것이다.

염소 가스로 정말 감기를 치료할 수 있을까?

택도 없는 소리다. '931명이 염소 가스 치료를 받았는데 70퍼센트가 치료되었다'는 논문에 근거해 미국 대통령을 비롯한 상원의원 23명, 하원의원 146명이 염소 가스 요법을 받았다. 대조실험을 포함하지 않은 부실한 연구였다. 과학적으론 무의미한 연구다. 하지만 사람들은 과정이 아무리 부실해도 결과만 그럴듯하면 잘 속는다. 언론이 부추기면 훨씬 잘 속고. 당시 <워싱턴 포스트> 기사다.

'전쟁 무기인 염소 가스가 대통령의 감기를 치료했다. 밀폐된 방에서 50분을 보낸 후에 쿨리지의 감기는 훨씬 호전됐다.'**

감기 수명은 약 먹으면 일주일, 안 먹으면 7일이다. 감기는 시간이 명약이다.

** 플라세보 효과다. 아무것도 하지 않고 한 시간쯤 있으면 상태가 좋아진 것처럼 보인다.

025

바이러스와
세균의 차이

#너단세포냐 #스페인독감

특별히 공부하지 않으면 바이러스와 세균의 구분이 쉽지 않다.

감기, 독감, 수두, 볼거리, 홍역, 뇌염, 소아마비, 천연두, 광견병, 에이즈의 원인은 바이러스다. 조류 독감, 돼지 독감, 신종 플루, 코로나 등 잊을 만하면 등장해 우리 일상을 엉망으로 휘젓는 애들도 죄다 바이러스다. 세균으로는 대장균, 헬리코박터균, 살모넬라균, 결핵균, 나병균, 탄저균 등이 있다.*

---

* 좀 더 깊은 지식을 비교적 쉽게 접근하기 원하는 사람에게 추천한다. 뉴턴코리아 편집부, 《바이러스와 감염증》, 아이뉴턴, 2015.

중세 서양인 30퍼센트를 죽였던 흑사병은 페스트균, 즉 세균이다. 1918년에 전 세계를 강타해 2,000~5,000만 명을, 한국에서만 14만 명을 숨지게 한 스페인 독감은 바이러스다.

이렇게 무시무시하지만 세균과 바이러스는 터무니없이 작다. 평균적인 바이러스는 30나노미터 정도라 전자현미경으로만 보인다. 세균(박테리아)은 사정이 좀 낫다. 바이러스보다 대략 10~100배쯤 크다. 물론 그래봐야 도토리 키재기다. 둘 다 미생물로 분류한다. 사람 키가 한라산에서 백두산까지라면 세균은 귤나무, 바이러스는 귤 하나 정도 크기다.

한 인간을 구성하는 세포는 37조~100조 개로 학자마다 의견이 다르지만 어쨌건 무지 많다. 그래서 친구에게 '너 단세포냐'라고 힐난하는 건 친구의 존재감을 최소 37조 분의 1에서 최대 100조 분의 1로 축소시켜버리는, 최고의 욕이다.

진정한 단세포는 세균이다. 달랑 세포 한 개로 이 험한 세상을 더 험하게 만든다. 세균은 확실히 생명체인데 바이러스는 애매하다. 생명체라고 하기엔 부족하고 무생물이라 하기에는 섭섭한. 요즘엔 그냥 생명체로 분류한다. 그래서 바이러스는 지구에서 가장 작은 생명체다.

바이러스는 작은 만큼 구조도 간단하다. 유전물질(RNA나 DNA)과 단백질 껍질(캡시드)이 끝이다. 똑똑한 놈들은 자기가 감염시킨 숙주의 세포막을 외투처럼 입고 다니기도 한다.

세균과 바이러스. 이름만 불러도 몸이 근질거리지만 두 녀석이 전적으로 해롭기만 한 것은 아니다. 세균은 땅을 비옥하게 하고 항생제 성분을 생성하기도 한다. 빵, 맥주, 김치, 유제품도 세균이 있어야 제대로 맛이 난다. 장내 세균이 없으면 소화가 힘들고 면역 기능도 떨어진다. 게다가 세균은 쓰레기도 처리한다. 우리가 하는 짓은 사실 이쪽 쓰레기를 저쪽에 대량으로 모으는, 그래서 태워버리거나 묻어버리는, 결국 어떤 형태로든 우리에게 되돌아오는** 일종의 눈가림이다.

  반면 세균은 쓰레기를 아예 먹어버린다. 진정한 쓰레기 종결자다. 세균만큼은 아니지만 바이러스 역시 유익한 일을 한다. 해양생태계에 존재하는 세균의 30퍼센트가 매일 바이러스에 의해 죽임을 당한다. 즉 세균의 해양 장악을 막아주고 생태계가 다양성을 유지하도록 해준다.

  역설적이지만 감염 이전의 삶이 얼마나 행복했던가를 절실히 깨닫게 해주는 것 역시 바이러스의 공로다. 물론 몸이 다 낫고 나면 기억도 함께 사라지겠지만.

** 소각로에서 방출된 1급 발암물질 다이옥신은 기체 상태로 떠돌다 농작물이나 해산물에 흡수되어 우리 곁으로, 결국엔 우리 몸으로 들어온다. 또한 쓰레기 침출수는 지하수에 스며들어 다이옥신과 유사한 과정을 거쳐 우리가 섭취하게 된다.

026

우리는
바이러스를
모른다

#히키코모리계의지존 #피토비루스시베리쿰

1. 바이러스는 무능력자다

바이러스는 세포가 없다. 세포가 없으니 에너지를 만들 수 없고 자기 복제해서 분열할 수도 없다. 스스로는 살 수 없다는 말이다. 오직 인간 같은 숙주에 기생해야만 삶을 유지할 수 있다. 세균은 다르다. 세포라서 혼자 살아갈 수 있다. 물론 기생하는 걸 더 좋아하긴 하지만.

2. 바이러스는 게으르다

혼밥도 하지 않고 혼술도 하지 않는다. 혼자 있으면 아무것도 안

한다. 숨도 안 쉰다. 사실 스스로 움직일 수도 없다.

3. 바이러스는 유능한 히치하이커다

뛰지 못하고 걷지 못하고 날지도 못하지만 다른 것을 타고 다닌다. 세상에 존재하는 거의 모든 것을 타고 다닌다. 거기엔 인간도 포함된다.

4. 바이러스는 난폭하다

스스로 움직일 수 없으니 바이러스는 숙주의 부주의한 행동에 의해서만 숙주 몸에 침입할 수 있다. 예를 들어, 감기 바이러스가 묻어 있는 손잡이를 만진 손으로 코나 눈을 비비면 감기 바이러스가 몸에 침투한다. 숙주 몸에 들어온 바이러스는 자기가 착륙한 세포 속으로 침입한다. 세포의 내부 기관과 자원을 징발하여 자신을 대규모로 복제한다. 그리고 탈출해 다른 멀쩡한 세포를 노린다.

　이런 식으로 하나의 바이러스는 한 개의 숙주 세포 안에서 수천 배로 증식한다. 이 과정을 반복하며 숫자가 급격히 늘어난다.*

---

* 세균은 세포이기 때문에 숙주 세포 속으로 침입하지 않고 스스로 증식한다. 증식 과정도 바이러스에 비하면 양반이다. 1개가 2개, 2개가 4개, 4개가 8개… 이런 방식으로 늘어난다.

5. 그래도 지조는 있다

바이러스가 아무 세포에나 들어가는 것은 아니다. 일부 예외는 있지만 바이러스 표면 구조 일부와 세포 표면 구조 일부가 열쇠와 열쇠구멍처럼 꼭 맞을 경우에 한해 세포에 붙어서 내부에 침입할 수 있다. 식물에만 감염되는 바이러스, 사람에만 감염되는 바이러스, 목의 점막에만, 간에만 감염되는 바이러스가 따로 있는 이유다.

6. 바이러스는 히키코모리계의 지존이다

대상포진을 일으켜 중년 이후의 삶을, 요즘은 젊은 친구들의 삶도 엉망으로 만드는 수두 바이러스는 몸속 신경세포에 수십 년이나 잠자코 숨어 있다가 숙주가 심한 스트레스나 과로로 골골거릴 때 갑자기 활동을 시작해 그렇잖아도 힘든 삶을 더 힘들게 만든다.

2014년에는 지존 교체식이 있었다. 시베리아에서 발견된 '피토비루스 시베리쿰'은 3만 년 이상 얼음 속에 갇혀 있었는데 아메바에 집어넣자 다시 살아났다.

7. 아직도 모른다

현재 발견된 바이러스는 대략 5,000개다. 그 중 260개가 사람을 감염시킨다. 전체 바이러스는 수십만 종 혹은 그 이상으로 추정되지만 이에 대해서는 아직 아는 것이 없다.

8. 그래서 무섭다

027

우리는 감기도 모른다

#리노바이러스 #감기약은없다

감기에 대한 오해1: 어떤 감기약이 좋은가?

잘못된 질문이다. 기본적으로 감기약은 없다.* 감기에 따르는 증상을 완화해주는 약이 있을 뿐이다.

감기는 바이러스에 의해 걸린다. 감기를 일으키는 바이러스는 200개 이상인데 요놈들에 대해 아는 것이 거의 없다. 전체 감기의 절반은 리노바이러스rhinovirus 소행이다. 그런데 리노바이러스

---

* 감기를 일으키는 바이러스의 종류가 많고 한 종류 내에서도 다양한 돌연변이가 존재하기 때문에 약을 만들기 어렵다.

만 해도 100종류가 넘는다. 신기한 건 어떤 바이러스든 일단 감염되면 증상은 비슷하다.

감기에 대한 오해2: 감기 증상은 바이러스의 공격 때문이다

아니다. 바이러스에 대한 인체의 반응이 감기 증상이다. 코 막힘, 염증 등은 모두 바이러스에 대항하는 우리 몸의 면역 활동 결과다. 그래서 감기 증상을 약으로 지나치게 억제하면 치료 기간이 더 늘어날 수도 있다.

감기에 대한 오해3: 항생제를 쓰면 빨리 낫는다

항생제는 세균(박테리아)을 파괴하지 바이러스와는 무관하다.

감기에 대한 오해4: 항균 비누나 세제를 쓰면 감기를 예방할 수 있다

다시 말하지만 항'균' 제품은 세'균'용이다. 감기는 세균이 아니라 바이러스다. 항균 비누는 오히려 건강에 나쁘다. 항균 비누는 세균을 100퍼센트 죽일 수 없다. 항균 성분(트리클로산)에 저항하는 독한 놈들은 살아남는다. 얘들이 증식하면 더 센 놈으로 거듭난다. 그리고 우리를 공격한다.

항균 비누의 치명적 약점은 좋은 세균까지 싸그리 죽인다는 것이다. 그래서 우리 피부에는 좋은 세균은 싹 사라지고 항균 성분에 살아남은 '치명적인 세균'만 우글거리게 된다. 사정은 항균 제품을 사용하는 싱크대, 욕실 등 거의 모든 부분에 적용된다. 오죽하면 미국 과학자들이 항균 비누 사용 금지를 미국 의회에 요청했을까.

감기에 대한 오해5: 숨쉬기 힘든 건 콧물이 늘어서다

아니다. 비개골^{turbinal} 혈관이 부어올라서다. 코를 계속 풀어도 사정이 나아지지 않는 건 이 때문이다. 정 답답해서 힘들다면 한 쪽씩 번갈아 푸는 것이 훨씬 낫다. 풀 파워로 코를 풀면 위험하다. 바이러스가 이동해 2차 감염을 일으킬 수도 있다.

감기에 대한 오해6: 감기는 만병의 근원이다

틀린 말이다. 감기는 다른 질병으로 변하지 않는다. 정확히 말하면 감기에 걸림으로써 몸 전체에 부담이 생겨 질병이 악화되는 것이다.

대충 오해는 풀었지만 앙금은 흉터처럼 남는다. 확실한 것은 아직도 우리는 감기를 모른다.

028

키스를 하면
감기도 옮을까?

#감기연구소는철밥통

감기 바이러스에 대해 과학자들은 '공기 중으로 전파된다' 파와 '접촉으로 전파된다' 파로 나뉜다. 과학자들도 확증편향*을 피할 수 없기에 자신의 주장에 부합되는 증거들만 내놓고 있지만 아직까진 접촉파가 우세하다.

공기 중으로 전파되는 감기 바이러스는 비중이 크지 않다. 한 공간에서 생활해도 주위 사람들에게 감기를 옮길 확률은 20퍼센트밖에 안 된다. 대부분의 감기는 접촉으로 걸린다. 감기 환자

---

* 자신의 신념이나 판단에 부합하는 정보만 주목하고 반대되는 정보는 무시하는 심리.

가 만진 물건을 손으로 건드리고 그 손으로 코를 만지면 감염된다. 눈을 만지는 것도 위험하다. 바이러스가 누관을 타고 코로 이동하기 때문이다. 감기 바이러스가 특히 많은 물건은 문고리, 엘리베이터 버튼, 현금 인출기 등인데 그 중에 제일은 공용 컴퓨터 자판의 'Enter' 키다. 아이가 감기에 자주 걸리면 일단 PC방 출입을 의심해볼 것.

그럼 눈이나 코를 안 만지면 되겠네, 라고 생각할 수 있지만 힘들다. 사람은 1시간에 16번 정도 자신의 눈, 코, 입술을 만진다. 하루 200~600번을 만진다는 통계도 있다.

바이러스가 침입할 때 우리 코가 넋 놓고 있는 건 아니다. 콧물이 바이러스를 포획해버린다. 하지만 일부 바이러스는 이 지대를 통과해 비인두에 도착, 세포에 침투하기 시작한다. 이때 목이 간질거리는 증상이 나타난다. 12시간이 지나면 콧물과 재채기가 시작되고 48~72시간 사이 절정에 이른다.

숙주를 찾지 못한 감기 바이러스는 몇 시간, 길게는 3일 안에 죽는다. 하지만 수명이 몇 배 길어지는 경우가 있다. 콧물이 묻은 지폐에서 발견한 감기 바이러스가 2주 정도 생존한다는 것을 스위스 과학자들이 발견했다.

감기에 걸린 사람과 키스를 하면 감기가 옮을까?
잘 전염되지 않는다. 이유는 아직 모른다.

열은 왜 날까?

모른다. 감기 바이러스를 죽이기 위해서 우리 몸이 열을 내거나 감기 바이러스와 싸우느라 열 받은 것이거나 이도저도 아닌 제3의 이유일 수 있다. 만약 첫 번째 이유가 맞다면 인위적으로 열을 내리는 건 바보짓이다.

감기 바이러스에 대해 우리가 아는 건 많지 않다. 1946년 영국에서 창설되어 70년가량 존속했던 감기연구소(CCU) 소속 과학자들의 술자리 유머다.

"감기를 연구하면 직장 잃을 염려는 없지."

실제 그런 말을 했는지는 확실하지 않다. 철학자 가스통 바슐라르 Gaston Bachelard 의 말로 위안을 삼자.

사람은 살균된 세계 속에서는 행복할 수 없다. 그 세계에 생명을 끌어들이기 위해서는 미생물들을 들끓게 해야 했다.**

** 그 다음 구절은 이렇다. "상상력을 회복시키고 시를 발견해야 했던 것이다."

029

독감은
독한 감기인가?

#계절성독감 #신종독감

우리 몸에 들어온 바이러스는 세포 속으로 침입해 세포를 바보 비슷하게 만들어버린다. IQ가 한 자리로 떨어진 세포는 자신을 복제하는 데 써야 할 자원을 죄다 바이러스 복제에 투입한다. 인심도 좋다. 한두 개가 아니라 수천 개를 복제해준다. 복제가 끝난 수천 개의 바이러스는 세포를 파괴하면서 탈출해 인근 세포에 들어가 똑같은 짓을 반복한다. 바이러스는 폭증하고 우리 몸은 아프기 시작한다.

우리가 맥없이 당하고만 있는 것은 아니다. 다양한 면역세포를 출동시켜 바이러스와 맞서 싸운다. 하지만 초반 싸움은 늘 버겁다. 신기한 것은 이전에 한 번 싸워봤던 바이러스는 대체로 잘 죽인다. 면역세포가 적을 오랫동안 기억하기 때문에. 그래서 핵심은 면역세포의 기억력이다. 방법은 두 가지다.

① 일일이 바이러스에 걸려 보고 기억력을 높인다. 즉, 소 잃고 외양간을 고쳐서 다음 소를 보호한다.
② 일부러 바이러스(백신)를 넣어 기억력을 높인다. 말하자면 선행학습이다.

선행학습은 두 가지가 있다.

① 홍역 바이러스에 대한 기억력은 평생 간다. 어릴 때 한 번 맞으면 평생 보장.
② 독감 바이러스에 대한 기억력은 몇 개월로 짧다. 그래서 매년 맞아야 한다.

이제 독감(인플루엔자) 바이러스로 가자. 바보가 된 세포가 독감 바이러스를 복제할 때, 즉 적군의 수를 마구 늘려줄 때 치명적인 바보짓을 한 번 더 한다. 독감 바이러스의 설계도 원본을 잘못 읽어버리는 경우가 종종 생긴다. 결과는?

원본과 다른 바이러스를 생산한다. 이를 '변이'라 부른다. 계절성 독감은 이런 식으로 조금씩 쉬지 않고 모습을 바꾼다. 매년 백신을 맞아야 하고, 그럼에도 계속 독감에 걸리는 이유다.

그래도 여기까지는 양반이다. 변이가 심하게 일어나 원본과 전혀 다른 독감이 탄생하기도 한다. 이게 신종 독감이다. 다른 말로 신종 인플루엔자, 줄여서 신종 플루. 아예 두 종류의 독감 바이러스가 숙주 세포 안에서 섞여 새로운 독감 바이러스가 탄생하기도 한다(재집합). 이런 두 경우 다 인간으로선 처음 만나는 바이러스라 면역도 없고 백신도 없어 속수무책 당할 뿐이다.

다시 한 번 구분하자. 감기, 계절성 독감, 신종 독감.

- 감기: 200종 이상의 바이러스가 원인. 독감과 달리 폐렴을 유발하거나 사망자가 나오는 일은 거의 없다.
- 계절성 독감(계절성 인플루엔자): 과거에 유행한 독감 바이러스와 비슷한 바이러스. 관절통 외엔 감기와 증상이 비슷하다. 매년 유행하고 매년 25만 명 정도가 죽는다.
- 신종 독감(신종 인플루엔자, 신종 플루): 새로운 독감 바이러스. 수십 년에 한 번 유행하는데 누구도 면역이 되어 있지 않기 때문에 급속히 퍼질 수 있다.*

---

* 팬데믹에 대해서는 다음 책을 참고할 것. 네이선 울프, 《바이러스 폭풍의 시대》, 강주헌 역, 김영사, 2015.

030

3가 백신과
4가 백신의 차이

#H1N1 #가성비는3가백신

독감 바이러스는 변이가 계속되기 때문에 원칙적으론 종류가 무한대다. 그래서 특징에 따라 대충 묶어서 부른다. 일단 바이러스는 '내부 단백질'의 성질에 따라 A, B, C로 나눈다. 사람은 A, B, C형 모두에 감염될 수 있지만 C형은 거의 무시해도 좋고 B형은 달랑 두 종류다. 문제가 되는 것은 인간은 물론 동물도 감염되는 A형 독감 바이러스다.

A형 독감 바이러스는 '표면에 있는 단백질' 헤마글루티닌[HA]과 뉴라미니다아제[NA]의 조합에 따라 세분할 수 있다. H는 숙주 세포에 침입할 때, N은 숙주 세포를 탈출할 때 큰 역할을 한다.

H는 16종, N는 9종이 있다. 그래서 16×9=144가지 조합이 가능하다. 예를 들어 H1N1, H3N2 등이다.

생명체마다 감염되는 H-N 조합은 정해져 있다.

- 고래: H3N2
- 밍크: H10N4
- 말: H7N7
- 사람: H1N1, H2N2, H3N2
- 돼지: H1N1, H3N2, H4N6
- 닭: H1~7, 9, 10 N1, 2, 4, 7
- 오리: 모든 유형에 다 걸린다. 바이러스 저장고인 셈이다.*

사람, 돼지, 오리, 닭은 H1N1에 공통으로 감염된다. H1N1은 전파력은 높지만 치사율이 낮다. 1918년 세계를 강타해 2,000~5,000만 명을, 한국에서만 14만 명을 숨지게 한 스페인 독감이 바로 변종 H1N1이다. 치사율은 대략 10퍼센트다.

90년 후인 2009년 신종 독감(신종 인플루엔자)이 전 세계를 강타해 1~2만 명이 사망하고 한국에서만 수백 명이 죽었다. 치사율은 1퍼센트 정도. 바이러스의 정체는 역시 H1N1였다. 인간에

---

* 조류에 감염되기 쉬우면 '조류 독감', 돼지의 경우는 '돼지 독감'이라 부르기도 한다.

114 115

겐 어느덧 익숙한 바이러스가 되었고 같은 H1N1라도 변이를 통해 유전자 염기서열이 조금씩 변할수록 피해는 줄어들고 있다.

세계보건기구(WHO)와 미국질병통제예방센터(CDC)는 전 세계 연구소와 연합해 계절성 독감에 대응하고 있다. 일단 6개월 전에 먼저 겨울을 맞은 호주와 뉴질랜드에서 유행한 바이러스 정보를 수집하고 북반구에서 지금까지 유행했던 바이러스 정보를 합쳐 다가올 겨울에 북반구에서 유행할 가능성이 높은 바이러스를 2월에 공개한다. 그러면 이 정보에 따라 전 세계 백신회사들이 부지런히 독감 백신을 생산한다. 독감 백신은 두 가지다.

3가: A형 바이러스 2개 + B형 바이러스 1개
4가: 3가 + 나머지 B형 바이러스 1개

B형 바이러스는 두 종류가 있는데 어느 하나를 맞으면 다른 하나에도 방어력이 그럭저럭 생긴다. 게다가 B형 독감은 독성이 약해 감기와 비슷하다. 3가냐 4가냐 고민했던 지난날의 시간이 아깝다. 돈은 더 아깝고.

031

중국이 변해야
우리가 산다

#조류독감 #팬데믹

독감 바이러스 중 가장 고약한 녀석은 전파력은 약하지만 독성이 강해 고병원성이라 불리는 H5N1이다. 원래 닭, 오리 등 조류에만 감염되는 독감이어서 조류 독감이라 불렀는데, 우리 상식을 비웃으며 1990년대 후반부터 사람에게도 감염되기 시작했다. 2014년 12월까지 베트남, 태국, 캄보디아, 인도네시아, 중국, 이집트 등지에서 700명 이상이 감염되었고 400명가량 숨졌다. 치사율은 60퍼센트 정도.

  아직까지는 조류와 밀접하게 접촉한 사람들만 감염되는 것으로 보이고 사람을 통해서는 전염이 안 되는 것으로 판단된다. 우리에게 H5N1이 낯설듯 H5N1 역시 우리 몸이 낯설어 헤매고 있다는 말이다. 하지만 H5N1은 워낙 돌연변이를 일으키기 쉬워 조만간 인간 대 인간 감염율도 높아질 것으로 보인다.

WHO가 걱정하는 최악의 시나리오는 H1N1과 H5N1이 결합하는 것이다. '치사율은 낮지만 전파력이 강한' H1N1과 '전파력은 낮지만 치사율이 높은' H5N1이 한 사람 몸에서 만나 돌연변이를 일으키면, 즉 치사율과 전파력이 둘 다 높은 괴물 바이러스가 탄생한다면?

파국破局이다. 때문에 중국의 역할이 중요하다. A.D.2년(한나라) 때 중국 인구는 59,594,978명이었다. 누락된 귀족들과 노비들을 합치면 실제론 6,500만 명 정도로 추정된다.

이후 2000년간 중국이 세계 인구에서 차지하는 비율은 20퍼센트 이하로 떨어진 적이 없다. 오히려 1820년엔 3억 8,100만 명으로 37퍼센트를 찍기도 했다. 그러니 유학 온 중국인이 한국 날씨 예보를 보고 '어떻게 전국에 비가 올 수 있지'라고 묻는 것이다. 중국인이 피자를 먹기 시작하니 전 세계 치즈 값이 폭등하고 중국인의 샥스핀 수요를 맞추느라 지느러미만 잘린 채 바다에 버려지는 상어들이 헤아릴 수 없다. 신종 독감 문제 역시 중국의 협조가 절대 필요하다.

좀 더 자세히 살펴보자. 뱀, 고양이, 개를 먹는 것은 충격이지만 신종 독감과는 무관하다. 워낙 인간과 오래 관계를 맺어왔기에 얘들이 품고 있는 바이러스 역시 인간에게 익숙하다. 문제는 사향 고양이, 박쥐, 천산갑 등 특이한 동물을 먹는 것이다. 보르네오 강거북, 버마 별거북, 족제비오소리, 돼지코오소리 등 처음 들어보는 동물도 수두룩하다. 이런 야생 동물들로 음식을 만드는 식당이 광저우 시내에만 2,000개가 넘는다. 야생 동물의 몸에는 인간에게 낯선 바이러스가 있을 수 있다. 인간은 이들과 접촉하면 안 된다. 더 큰 문제는 야생 동물을 거래하는 대형 시장이다. 중국 남부는 물론 동남아에서 공급된 야생 동물들이 시장에 전시되면서 의도치 않게 서로의 바이러스를 교환하며 변종을 생산한다. 인간은 이들과 절대 접촉하면 안 된다!

중국인들은 접촉한다. 그런데도 중국인을 막기 힘들다. 남부 지방 중국인들에게 '특이한 야생 동물을 먹는 행위'는 체면을 세우고, 부를 과시하며, 행운을 비는 행위이기 때문이다. 문화라는 말이다.

인간에게 낯선 야생 동물과 접촉을 계속하는 한 신종 바이러스는 계속 인간을 공격할 것이다. 코로나19 같은 팬데믹^{pandemic} 이 반복될 수 있다는 말이다.

032

겨울은
억울하다

#감기바이러스도추위는싫어

감기든 독감이든 결국 접촉을 조심해야 한다. 이 대목에서 와튼
스쿨 소유주, 펜실베니아 대학교가 또 등장한다. 펜실베니아 대
학의 설립자는 벤저민 프랭클린^{Benjamin Franklin}이다. 한국인의 경
우, 이 사람에 대한 지식으로 나이를 가늠할 수 있다.

피뢰침 발명자 – 초등학생

미국 건국의 아버지 – 중·고등학생

처세술에 관한 책 – 성인

100달러 지폐 주인공 – 초등학생은 아님

미국 헌법 초안자이자 '시간은 돈'이라는 공식을 최초로 선언한 프랭클린 1770년대, 즉 전 세계 거의 모든 사람이 감기와 독감을 구별하지 못하고 바이러스와 세균의 정체도 모를 때 이렇게 말했다.

"사람과 사람 사이를 연결하는 병원체를 조심해야 한다."

그리고 그는 탁월한 통찰도 가졌다.

"추위와 감기는 별 상관이 없다."

'추울수록 감기에 잘 걸린다'는 초딩급 상식이지만 상식은 18세까지 쌓은 편견의 집합*일 때가 많다.

감기를 영어로 'common cold'라 하는데 절반만 진실이다. 흔한 common 건 맞지만 추위 cold 때문은 아니다. 에스키모가 감기 걸릴 확률은 부시맨이 동상 걸릴 확률과 별반 다르지 않다. 실제로 남극 기지 과학자들은 감기에 잘 안 걸린다.

사실 감기 바이러스도 추위를 싫어한다. 얘들이 좋아하는 온도는 33도 부근이다. 사람 콧속 온도와 비슷하다.

그런데 왜 감기는 겨울에 많이 걸릴까?

기온이 떨어지면 실내에서 보내는 시간이 늘어난다. 환기하는 횟수도 줄어든다. 다른 사람 소유의 감기 바이러스에 노출될 기

---

* 아인슈타인이 말했다.

회가 늘어난다는 말이다. 게다가 감기 바이러스의 절반을 차지하는 리노바이러스가 좋아하는 습도가 딱 겨울철이다.

그럼 이제부터 겨울에도 따뜻하게 입을 필요 없다고 생각하면 오산이다. 감기보다 더 무서운 저체온증과 동상이 기다리고 있으니. 차가운 공기에 한 시간 이상 맨몸이 노출되면 다음 겨울을 보지 못할 수 있다.

033

신이 주신
명백한 사명

#프랭클린인구통계 #맬서스

인터넷에선 찾아볼 수 없는 자료지만 프랭클린의 '인구통계 연구' 또한 위대한 업적이다.

1620년 매사추세츠 주 플리머스에서 100명 남짓 유럽 이주민들이 거지꼴 비슷하게 시작했던 미국(영국 식민지)은 1700년쯤 되어서야 출생률이 사망률을 겨우 따라잡는다. 완만한 인구 증가가 수십 년 이어지자 이제 멸종 걱정은 없겠구나, 라고 관계자들이 안도할 때 프랭클린은 유일하게 미래를 비관했다. 그래서 1749년 필라델피아, 보스턴, 뉴저지, 매사추세츠의 인구를 조사하고 분석한다.

결과는 놀라웠다. 미국 인구는 '완만한 증가'가 아니라 25년마다 두 배씩 뻥튀기하고 있었던 것이다. 영국 인구가 300년에 두 배씩 늘어나는 것에 비하면 폭증이었다. 급격한 인구 증가를 뒷받침할 식량을 증산하기는 녹록지 않은 일이다. 이러다간 다 죽는다.

'인구 증가는 미덕'이라는 당시 통념에 정면 도전하는 프랭클린의 통계 연구는 유럽 지식인들에게 큰 충격을 준다. 대표적인 이가 경제학의 아버지 애덤 스미스[Adam Smith]. 그리고 《인구론》의 맬서스[Thomas Robert Malthus]였다.

> 인간은 자식을 많이 낳으려는 경향이 있으므로 이를 방치할 경우 식량 생산이 인구 증가를 따라잡지 못해서 나라는 망한다. 인구는 대략 25년마다 두 배씩 증가하는데 식량 공급은 이만큼 증가하지 못한다.

이제 우리는 안다. '맬서스 이론'의 근거가 프랭클린의 데이터라는 사실을. 산업혁명 등을 고려하지 못했기에 결과적으로 맬서스의 주장은 틀렸지만 맬서스는 의도치 않게 한 젊은 과학자에게 영감을 제공한다.

주인공은 찰스 다윈[Charles Robert Darwin]이다. 그의 말에 따르면 1838년 맬서스의 《인구론》을 읽고 생각 전환의 돌파구를 얻었다고 한다. 그 결과물이 1859년에 발간된 《종의 기원》이다.

다시 미국으로 가자. 프랭클린이 사망하는 1790년, 출범 2년 차인 미합중국은 최초로 전체 인구를 조사해 390만 명이란 수치를 받아든다. 1890년 미국 인구는 6,300만 명이었다. 프랭클린의 예측대로 거의 정확히 25년마다 두 배씩, 100년간 16배 증가했다.*

초기 미국 정부의 공권력은 약했다. 그래서 건국의 아버지들은 점진적이고 체계적인 영토 확장을 원했다. 하지만 개척자들은 애팔래치아 산맥을 넘어 서쪽으로 마구 달려갔다. 일종의 무정부 상태였다. 워싱턴이 직접 군대를 끌고 이들을 정벌하러 가기도 했다. 현직 미국 대통령이 직접 군대를 이끌었던 최초이자 아마 최후의 사례일 듯하다.

하지만 프랭클린 데이터의 유효성을 확인한 미국은 더 이상 개척자들을 억제할 수 없었다. 결국 19세기 중반, 건국의 아버지들이 세운 점진적 영토 확장은 폐기되고 서부를 향한 무서운 확장이 시작된다. 미국 지식인들은 이를 '신이 주신 명백한 사명Manifest Destiny'이라 정당화 했다. 미국이 북아메리카 전체를 지배하는 것은 신이 주신 운명이라는 것이다.

---

* 비슷한 시기에 프랑스 인구는 3,000만 명에서 4,000만 명으로 증가했다.

034

법은 권력자의 언어였다

#법치주의 #삼권분립

최초의 법치주의 국가는 어디일까?

국가 권력을 한 사람에게 맡기고 그 사람이 선한 마음으로 국민에게 헌신하기를 바라는 것, 판타지다. 미국을 건국한 지도자들 역시 같은 생각이었다. 지긋지긋한 영국 국왕의 통치 탓이다.

"왕이나 독재자는 절대 안 돼!"

대안은 법이었다. 정해진 법에 의해 국가를 운영하고 정해진 법에 따라 국민이 살아가는 것. 이게 바로 법치주의法治主義다.

그런데 문제가 있다. 법을 만드는 거야 사실 어려울 거 없다. 문제는 법을 만들고 해석하고 집행하는 권한을 한 사람 혹은 한

국가 기관이 갖는다면 결국 왕정王政이나 다를 게 무엇인가? 해결책은 권력을 쪼개는 것이다.

　입법부 – 법을 만듦
　사법부 – 법을 해석하고 판결함
　행정부 – 법을 집행함

　뭐야, 민주주의 기본 원리인 삼권분립三權分立이잖아. 이건 초등학생도 배우는 상식이야, 라고 말할 수 있는 것 자체가 미국의 업적이다. 미국이 탄생하던 18세기 말 삼권분립을 실행한 나라는 어디에도 없었다. 대부분 왕 아니면 독재자가 지배하고 있었다. 인류 최초로 삼권분립을 실현한 미국은 이런 면만 본다면 진정 위대하다.

　다시 한 번 새기고 가자.

　① 견제 받지 않는 권력은 반드시, 반드시, 반드시 부패한다.
　② 견제 받지 않는 국가 기관은 언제든 괴물로 변할 수 있다.
　③ 권력 기관들은 서로 감시하면서 균형을 잡아야 한다.

　프랭클린을 비롯한 미국의 건국 지도자들은 '미합중국 헌법'을 만들어 삼권분립을 실현했다.

원래 법은 권력자의 언어였다. 권력자들은 법을 통해 국민을 수탈하고 탄압하고 통제했다. 미국 헌법은 달랐다. 국가 권력을 분산시킴으로써 국가 권력이 괴물로 타락하는 것을 막으려 했다.

헌법 제정으로 미국은 법과 제도가 통치하는 나라가 되었다. 그래서 미국은 최초의 법치주의 국가 그리고 최초로 헌법을 만든 나라다.*

---

* 한국 헌법에 관심이 있다면 다음 책을 참고하길 바란다. 문홍수, 《정의와 헌법》, 박영사, 2011.

035

세상에서
가장 짧은 헌법

#수정헌법 #권리장전

미국 헌법憲法은 언제 만들었을까?

- 1500년대 말부터 영국인들이 여러 차례 미국 땅에 상륙함.

- 1620년 12월 매사추세츠 플리머스에 100명 남짓 이주민이
  도착함으로써 영국 식민지로서의 미국이 본격적으로 출발
  함.

- 1636년 개신교 목사를 양성하기 위한 하버드 대학교를 설
  립함. ※ 병자호란이 일어남.

- 1775년 영국을 상대로 독립 전쟁을 시작함.

- 1776년 7월 4일 독립선언문 발표. ※ 정조가 즉위함.
- 1783년 파리조약을 통해 영국이 미국의 독립을 인정함.
- 1788년 헌법이 의회를 통과함.
- 1789년 조지 워싱턴을 대통령으로 하는 미국 정부가 수립됨.

이젠 익숙한 벤자민 프랭클린과 조지 워싱턴 등이 1787년 필라델피아에 모여 '미합중국 헌법'을 제정한다.

제1조는 입법부, 제2조는 행정부, 제3조는 사법부, 제4조는 연방제, 제5조는 헌법 수정 절차, 제6조는 국가 최고 법규, 제7조는 비준에 관한 법이다.

시간이 지나면서 법이 시대 상황을 따라가지 못할 수 있다. 수정이나 추가가 필요하다는 말이다. 이를 '개정amendment'이라 한다. 미국 헌법 역시 1992년까지 27개 조항이 추가되었다. 우리나라에선 이를 '추가'헌법이 아니라 '수정'헌법으로 번역한다.

최초의 추가는 1791년에 있었는데 이때 추가된 10개 조항the first 10 Amendments은 미국 시민으로서 누릴 수 있는 권리를 집중해서 다루고 있어 '미국의 권리장전The Bill of Rights'이라 불린다. 특히 수정헌법 제1조는 미국의 역사, 사회, 문화, 하다못해 영화나 미드를 볼 때도 간혹 등장하므로 전체 내용을 알아두면 좋다.

미국의 국교國敎는 무엇일까?

많은 사람들이 기독교라 답하겠지만 아니다. 한국처럼 미국도 국교가 없다. 수정헌법 제1조가 국교를 정하는 것을 금지하고 있기 때문이다. 세계인이 부러워하는 미국의 언론 자유 역시 수정헌법 제1조가 보장하는 내용이다. 출판, 집회, 결사^{結社}*의 권리 역시 제1조가 보장해준다.

헌법이 제정됨으로써 미국은 법과 제도가 통치하는 나라가 되었고, 수정헌법 10개 조항이 추가됨으로써 미국은 법과 제도가 시민의 권리를 '적극적으로' 지키는 나라가 된다.

다음은 미국 헌법의 세 가지 특징이다.

① 7,000개 정도의 어휘로 구성된 세계에서 가장 짧은 헌법 가운데 하나다.

② 평범한 시민이라면 누구나 이해할 수 있을 정도로 쉽게 기록되어 있다.

③ 200년이 훨씬 지난 오늘까지도 적용되고 있는 가장 오래된 헌법이다.

---

* 여러 사람이 공동의 목적을 이루기 위해 단체를 조직함.

036

원정출산이
가능한 이유

#수정헌법제14조 #노예권리보장법

미국은 땅 부자다. 본토도 크지만 해외 부동산도 많다. 스페인은 300년 이상 필리핀을 소유한 후, 1899년에 소유권을 미국으로 넘겼다. 필리핀은 1946년에 미국으로부터 독립했다. 파나마 운하*는 워낙 중요하기 때문에 1904년에서 1979년까지 미국은 운하를 둘러싼 지역만 따로 소유했다.

  알래스카와 하와이는 간단하다. 1867년에 취득한 알래스카는

---

*   뉴욕과 LA를 연결하는 뱃길. 남미 끝까지 돌아서 가면 20,000km, 파마나 운하를 통과하면 8,000km다.

1960년에 49번째 주州로 등록했고, 1898년에 취득한 하와이 역시 1960년에 50번 째 주로 이전등기를 마쳤다. 문제는 다음 열거된 섬들이다.

푸에르토리코, 버진 아일랜드, 사모아, 괌, 사이판**

각 섬에 거주하는 인구는 모두 합쳐 400만 명쯤 되는데 자세히 살펴보면 뭔가 애매하다. 미국의 영토지만 완전한 영토는 아니다. 미국 시민이지만 완전한 시민 역시 아니다. 그래서 미국 대통령과 미국 연방 국회의원을 뽑을 수는 없지만 이들의 결정은 따라야 한다. 미국 시민이지만 본토 시민과는 다른 대접을 받는다. 시민권의 질이 다르다는 말이다. 이 부분에 관해서는 해결하고 정비해야 할 것들이 많지만 올 스톱 상태다. 결정권을 가진 본토 미국인들, 특히 연방대법원이 이 섬 주민들의 지위에 관해 관심이 전혀 없기 때문이다.

우리와도 친근한 사이판을 살펴보자. 1990년대부터 이 섬에 거대 의류 공장들이 속속 들어섰다. 노동자는 중국이나 필리핀에서 데려온 근로자들이었다. 이들은 열악한 환경에 시달리며 착취에 가까운 임금을 받았다. 이들이 만든 옷은 갭, 랄프로렌, 캘빈클

** 북마리아나 제도.

라인 등 유명 상표를 달고 전 세계에서 팔렸다.

여기서 의문! 중국인 노동자를 쓸 거면 그냥 중국 공장에서 만들면 될 텐데 왜 굳이 먼 사이판에 공장을 세웠을까? 대만 회사인 폭스콘도 중국 본토에서 아이폰을 조립해 미국으로 보낸다.

중국 노동자들이 중국에서 제품을 만들면 'made in china'가 붙는다. 하지만 똑같은 중국인이 사이판에서 옷을 만들면 'made in USA'다. 인지도는 물론 가격 차이가 몇 배나 커진다.***

게다가 사이판에선 미국과 달리 외국인 근로자 착취도 어느 정도 가능하다. 이민법과 최저임금법은 연방법이라 자치령인 사이판에선 구멍이 많기 때문이다. 이런 허점을 파고들어 의류 사업자들은 큰 이익을 취했다. 법을 어기지 않고도 말이다.

이런 사람들은 한국에도 있다. 사이판이나 괌으로 가서 아이를 출산하는 사람들이다. 원정 출산으로 낳은 아이들은 커서 군대에 안 가도 된다. 미국 주립학교로 진학하면 돈도 적게 든다. 우리나라와 달리 미국은 미국 영토에서 태어나면 미국인으로 인정하기 때문이다. 1868년에 추가된 '수정헌법 제14조' 덕분이다.

미국에서 태어나거나 귀화한 자 및 그 사법권에 속하게 된 사람

*** 이런 점에서도 스티브 잡스는 천재다. 아이폰 뒷면에 'Designed in California'를 추가함으로써 'Made in china'를 상쇄했다.

모두가 미국 시민이다.

    이 조항으로 짭짤하게 덕 본 사람들, 흑인을 만나면 큰 절이라도 하기를. 수정헌법 제14조는 원래 노예 출신 흑인과 그 후손을 보호하기 위해 만든 법이다. 미국 납세자가 열심히 번 돈으로 한국 아이들이 혜택을 본다고 미국인들이 비판하면 수정헌법의 취지를 들이미시길.

    "내 아이는 미국 시민으로서 누릴 수 있는 권리를 누릴 뿐이야."

    한국 지도층의 수준을 알겠다는 비아냥엔 '한국에서 지도층의 의미는 지도를 받아야 할 계층' 정도로 대응하면 되겠다.

037

미국 헌법은
총기 소유를
허락하는가

#연방대법원 #수정헌법제2조

법치주의 아래에서 사회 갈등, 도저히 다른 방법으로는 해결할
수 없는 갈등은 법원으로 갈 수밖에 없다. 법관이 사회 갈등의 심
판자가 되는 셈이다. 그런 면에서 연방대법관은 사회 갈등의 '최
종' 심판자다. 헌법을 해석하고 적용할 권리가 이들에게만 주어
졌으므로.

　미국 수도 워싱턴, 이라고 하면 부족하다. 워싱턴 주도 있기 때
문이다. '워싱턴 컬럼비아 특별구 D.C. District of Columbia', 줄여서 '워싱
턴 D.C.'가 옳은 표현이다.* 하지만 늘 옳게만 살 수는 없다. 편의
를 위해 D.C.를 생략할 테니 부디 양해하시기를.

워싱턴은 강력 범죄로 유명하다. 그리고 총기 소유 규제가 독특하다. 다른 도시들처럼 워싱턴 시민 역시 총기를 보유할 수 있는데 방법이 희한하다. 집 안에서만 보유할 수 있다. 그것도 총알을 장전하지 않거나 안전장치를 걸어둬야 한다.

이 조치가 수정헌법 제2조를 위배했다고 판단한 워싱턴 시민 딕 헬러 등이 시＊를 상대로 소송을 건다. 지방법원은 소송을 기각했다. 하지만 항소법원은 워싱턴의 총기 규제가 위헌이라 판결했다. 결국 최종 결정은 연방대법원의 몫이 되었다.

연방대법원에서 두 진영은 대략 이렇게 주장했다.

딕 헬러:

"총을 보유하는 이유는 강력 범죄에 대처하기 위해서다. 바로 쏠 수 있는 상태가 아니라면 강도가 침입했을 때 어떻게 대처할 수 있나? 내가 총알을 장전해야 하니까 그때까지만 '동작 그만'이라고 강도에게 양해를 구해야 하나? 총기 소유는 미국 국민, 워싱턴 시민으로서 누릴 수 있는 당연한 권리다."

워싱턴 시:

"헌법은 오직 '민병대의 조직'이라는 조건 하에서만 총기 소유

＊ 컬럼비아는 예전에 미국을 가리키는 문학적 표현이었다.

를 허용하고 있다. 민병대도 아닌데 총기를 소유하려면 불편을
감수해야 한다."

일단 문제가 된 수정헌법 제2조의 원문을 보자.

> A well regulated Militia, being necessary to the security
> of a free State, the right of the people to keep and bear
> Arms, shall not be infringed.

아홉 명인 미국 연방대법관들의 판단은 어땠을까?

038

법조인에게
정말 필요한 능력

#판사들에게부족한것 #인문교양

미국 수정헌법 제2조를 대법관들은 이렇게 해석했다.

총기 규제를 찬성하는 대법관들:

– 잘 훈련된 민병대는 '주州의 안보'를 위해 중요하다.

– 따라서 '민병대 유지를 위한' 시민의 무기 보유 권리는 침해
받을 수 없다.

– 하지만 민병대가 아닌 시민도 있잖아?

– 민병대는 총을 가질 수 있다. 하지만 일반 시민은 그럴 권리
가 없다.

총기 규제를 반대하는 대법관들:

– 잘 훈련된 민병대는 '미국의 안보'를 위해 중요하다.

– 민병대를 유지하기 위해서라도 무기를 보유할 '시민의 권리'
  는 침해받을 수 없다.

– 민병대는 물론 일반 시민도 총기를 가질 수 있다.

너무 어려울 것 같아 극도로 단순화했다. 규제 찬성 대법관들
은 '민병대의 유지'에 방점이 있고 규제 반대 대법관들의 방점은
'시민의 권리'에 있다. 어느 편이 이겼을까?

4:5

총기 규제를 반대하는 대법관들이 이겼다. 논리가 아니라 머
릿수 싸움에서 이겼다.*

여기서 의문이 든다. 똑같은 영어를 쓰고, 똑같은 법을 공부하
고, 똑같은 문장을 읽었는데 상반된 논리가 나오다니. 법관 개개
인의 철학, 교양, 신념, 신앙 등이 언어 해석에도 영향을 주었다
는 의미다.

그래서 무섭다. 만약 대법관이 비논리적 사고, 괴상한 교양,

---

*   자세한 내용은 《미국을 발칵 뒤집은 판결 31》(현암사, 2012)을 참고할 것.

편향된 신념, 왜곡된 종교를 가지고 있다면 판결에도 적용될 것이다.

이상하게 들리겠지만 이런 이유들로 인해 법학도들에게 정말 필요한 것은 인문 교양教養이다. 법률에 관한 지식이야 법대나 로스쿨에서 균일하게 섭취할 수 있으므로.

길은 잃어봐야
발견할 수 있다

#익숙함의함정 #낯설게보기

4년제 대학치고 교양 수업이 없는 대학은 거의 없다. 하지만 취업 대비반으로 전락한 한국 대학에서 제대로 된 교양 수업이 이루어지는 곳 역시 거의 없다. 모 대학 교수는 이런 말도 했다.

"신입생들이 교양 수업을 듣느라 공부를 안 해. 큰일이야."

이 분 정말 큰일이다. 이 분 생각에 교양은 다음 넷 중 하나일 것이다.

   – 대형마트 문화센터에서 이것저것 개설하는 강의
   – 저 사람 참 교양 있어, 할 때의 예의 혹은 에티켓

- 알면 좋고 몰라도 상관없는 잡기^{雜技}
- 백년전쟁부터 광어 손질하는 법까지 꿰고 있을 때의 잡학 혹은 다식

정말 그럴까?

익숙한 것을 낯설게 보는 능력.
그래서 당연한 것을 의심하는 능력.
심지어 기존 진리 주장까지도 회의^{懷疑}할 수 있는 능력.
결국엔 새로운 방향으로 나아갈 수 있는 능력.

이게 바로 '교양' 혹은 '인문 교양'의 힘이다. 쉽게 말하면 '인문학'이다. 자신들의 교육 목적이 '교양 교육'에 있다고 선언한 하버드 대학교를 참고하자.

> 우리의 교양 교육 목표는 익숙한 것을 낯설게 만드는 것, 현상들 뒤에 숨어 있는 것을 폭로하는 것, 젊은이들의 방향감각을 혼란시키는 것, 그들이 다시 방향을 잡을 수 있는 길을 발견하도록 도와주는 것이다.

장차 어떤 직업을 가지고 살든 젊은이들에게 꼭 필요한 것이

인문 교양, 인문학이다. 인문 교양이 부족한 법조인이 만드는 지옥을 다음 장부터 보게 된다.

범죄보다
더 범죄스러운
판결

#주취감형 #리걸마인드 #짐승우대

여덟 살 여자 아이를 성폭행하고 장기의 80퍼센트를 파열시키면 어떤 처벌을 받게 될까?

죽여야지. 백 번을 고쳐 죽여야지. 그런데 징역 12년이 나왔다. 만취 상태였으니 봐준단다.

여자 기숙사에 침입해 성폭행을 시도하고 상해를 입히면?

내 딸이 당했다면 찢어 죽여야지. 하지만 '남 이야기'니 적당히 징역 10년으로 하자. 그런데 징역 3년이다. 게다가 집행유예가 붙는다. 이유가 대박이다. 평소 주량보다 많은 소주 4병을 마셔 블랙아웃 상태였으니 봐준단다.

길거리에서 눈이 마주쳤다는 이유로 30대 청년이 20대 청년 둘에게 맞아 죽었다. 검찰은 각각 징역 9년, 8년을 구형했다. 판사의 결정은 징역 3년이었다. 앞길이 창창한 젊은이들이고 술에 취했다는 이유로. 맞아 죽은 청년도 부모에겐 앞길 구만리인 귀한 아들이었을 텐데.

술에 취했다고 관용을 베푸는 주취감형酒醉減刑. 가해자인 짐승들만 우대하는 판결이다. 피해자와 가족의 억울함은 완전히 무시하는 판결.*

왜 그럴까?

인문 교양이 부족해서 그렇다. 판사들이야 자타공인 최고 엘리트니 이렇게 말하겠지.

"너희들은 리걸 마인드 legal mind 가 없어서 이해를 못하는 거야."

"중요한 건 법적 안정성이야."

그래 그렇다 치자. 그런데 대다수 국민들이 이해할 수 없는 판결이 계속된다면, 판결을 볼 때마다 무기력을 느낀다면, 피해자

---

* 동물 학대에서도 피해를 입은 동물보다 가해자인 인간, 사실은 짐승 편을 드는 판사들. 어쨌든 일관성 하나는 대단하다.

자리에 나를 집어넣는 상상만으로도 소름이 돋는다면 그 나라의 주인을 국민이라 볼 수 있을까? 주인인 국민들도 이해할 수 없는 판결이 계속된다면, 어쩌면 우리는 새로운 왕의 지배 하에 살아가는 것이 아닐까?

16세기 어떤 철학자의 말이다.

범죄보다 더 범죄적인 판결을 나는 얼마나 많이 보았던가.

음주운전은
판결을
먹고 산다

#알콜근시

맨 정신일 때 우리는 많은 것을 억제하며 산다. 보는 사람이 있으면 욕을 자제하고 길에 침을 뱉지 않으며 쓰레기는 분리해서 배출한다. 길에서 어깨를 부딪쳐, 옆집 아이가 우리 개를 놀려도, 당장이라도 상사 얼굴에 사표를 던지고 싶어도 어지간하면 참는다. 마음에 드는 이성이 있어도 함부로 집적대지 않고 헤어진 애인에겐 더더구나 문자를 보내지 않는다. 아이가 운다고 폭력으로 입을 막지도 않는다.

술을 마시면, 과도하게 마시면 이 모든 것을 한다. 술은 술이 깨면 후회할 일들을 거리낌 없이 하게 만든다. 술은 '나 스스로

나에게 가하는 억제를 벗어나도록 돕는' 요물이다. 그래서 술에 취한 상태를 '진정한 자신의 모습'이라 보기도 한다. 동과 서, 고와 금을 막론하고 이런 말들이 진리로 통용된다.

'술이 들어가면 혀가 나온다.'
'옳은 말은 술독 바닥에 있다.'
'술은 재판관보다 더 빨리 분쟁을 해결해준다.'
'거울에서 모양을 보고 술에선 마음을 본다.'

틀렸다. 술이 고삐를 풀어주는 '억제력'은 우리가 건강한 인격체로 성장하는 데 꼭 필요한 요소다. 성숙한 사람은 '단기 욕구(사표를 던지고 싶다)'와 '장기 목표(직장이 있어야 가정을 지킬 수 있다)' 사이의 갈등을 조화롭게 해결하려 노력한다. 술의 역할은 진정한 자아가 드러나도록 돕는 게 아니라 장기 목표를 잊고 단기 욕구에 충실하도록 만드는 것일 뿐이다.

그래서 요즘 과학자들은 술을 다르게 해석한다. '알콜 근시'라는 개념을 만들었다. 술이 우리를 정서적 근시, 정신적 근시로 만든다는 것이다. 코앞의 것만 보이는 고도 근시처럼 알콜 근시 역시 눈앞의 것만 보이도록 시야를 축소한다. '장기' 목표는 잊고 '단기' 욕구에만 주목하게 만든다는 말이다. 예를 들면, 내일 중요한 시험이 있어도 지금 당장 술자리 분위기에 사로잡히는 것이다.

음주가 그렇게도 쉽게 폭력, 운전, 성폭력으로 이어지는 것 역시 '알콜 근시' 때문이다. 말초를 자극하는 단기 욕구가 안정된 삶이라는 장기 목표를 잊게 만든다.

음주로 문제를 일으킨 사람들에게 관용을 베푸는 건 그들로 하여금 단기 욕구를 추구하는 삶을 한층 더 가열차게 살도록 부추기는 행위다. 삶을 망가뜨리도록 유도하는 것과 마찬가지다. 가해자의 삶도 망가뜨리고 피해자의 삶은 더 망가뜨리는 주취감형. 식상하지만 이 표현을 쓰지 않을 수 없다.

주취감형, 누구를 위한 것인가?

독일, 미국, 영국은 주취감형이 없다. 특히 독일 형법의 경우 음주는 책임을 회피하는 이유가 아니라 책임을 인정하는 근거가 된다. 음주가 범죄의 원인이 될 수 있다는 것은 누구나 예상할 수 있으니까. 게다가 음주 상태에서 벌어진 범행은 대개 잔혹하다.

2011년부터 2015년까지 술에 취한 상태로 성폭력을 저지른 놈은 몇 명이나 될까?

35,707명이다.

전 세계?

아니, 한국.

몸뚱이만
처벌하자

#심신논쟁 #정신은어디로

한국 형법에 주취감형을 명시적으로 규정한 조문은 없다.

　형법 제10조 제1항, 제2항:
　심신장애 상태에서 범행한 경우 감면 내지 감경할 수 있다.

'정신 나간 상태'에서 저지른 행위는 행위자에게 책임이 없다고 보는 것이다. 음주 성폭력으로 피해자뿐 아니라 가족 모두의 인생을 망가뜨려도, 만취운전으로 아빠를 제외한 전 가족을 몰살시켜도 술을 많이 잡수셔 '정신 나간 상태'니 처벌을 낮춰드리겠다는 말이다. 술에 대한 이해도는 높지만 인간에 대한 이해도도 그만큼인지는 의문이다.

'심心과 신身'의 관계에 대한 논쟁은 철학에서 다뤄온 오랜 주제다.

- 마음(정신)과 신체는 서로 독립된 실체다.
- 마음이 주인이고 신체는 하수인이다.
- 신체가 주인이고 마음이 하인이다. 건강한 신체에 건강한 마음.
- 마음과 신체는 하나다. 속성만 다르다.
- 신체는 허상이고 마음만 존재한다. 일체유심조一切唯心造.
- 마음은 신체의 생리적 과정에 따라오는 결과일 뿐이다. 즉 마음이란 건 없다.

철학에 정답은 없다. 이런 다양한 논변을 통해 인간에 대한 이해가 넓어진다. 인공지능 시대엔 특히 철학이 중요하다. 자율주행차 등 'AI가 저지른 잘못'에 대한 책임 소재를 물어야 하기 때문이다.

뭐, 그건 구글과 철학자들에게 맡기고 우리는 이 정도로 가자.

정신은 몸뚱이를 놔두고 밖으로 나갔다. (혹은 뇌 깊은 곳 어디에 숨어 있었든지.)

그래 인정. 죄를 지은 건 몸뚱이다. 그러니 몸뚱이만 감옥으로 보내고 집 나간 정신은 무죄.

정신은 어디로 가야 하냐고?

그건 제 사정이지. 외로우면 감옥에 있는 제 몸뚱이로 들어가든가. 아님 다른 몸뚱이를 찾아 합체하든가.

043

평생 1등만 한 아이들

#20대판사 #인문학의결핍

평생 1등만 하고 언제나 수재 소릴 듣고 어디서나 특별 대접 받는 아이들. 이런 아이들을 한자리에 모아 놓으면 어떤 일이 벌어질까?

첫째, 자신이 무조건 옳은 줄 안다. 그래서 단합이 잘 안 된다.

둘째, 어디서나 똑똑한 티를 낸다.

셋째, 사회에 나가서 1등의 삶을 유지하지 못할까 봐 공포감 비슷한 게 있다.

넷째, 공부 못하는 사람과 가난한 사람을 잘 이해하지 못한다.

일부 서울대생의 이야기다. 100줄도 채울 수 있지만 자제하고, 이런 아이들에게 필요한 멘토가 전혜성 박사다.

"교만하지 마라. 다른 사람을 섬겨라. 먼저 인간이 되어라."
"서울대라는 혜택을 입었으니 사회에 진 빚을 갚아야 한다."
"공익을 먼저 생각해라. 봉사의 삶을 살아라."

하지만 내가 대학을 다니던 1990년대에는 이런 교수가 더 많았다.

"너희들은 이 나라를 이끌어갈 인재들이다."
"경쟁에선 무조건 이겨야 한다."
"동문들을 먼저 챙겨라."

다시 본론으로 돌아가서, 대학교 1학년 땐 여유가 있었다. 저녁마다 서울 곳곳을 구경하고 타 대학 학생들도 만나고 축제 땐 못 먹는 술로 심신장애 직전까지 가기도 했다. 입진보일망정 정의와 평등을 나불거리기도 했다. 사람들과 어울리고 부딪치고 엎어지며 '다른 사람'도 같이 살고 있음을 평생 처음 조금은 깨달았다.

1990년대 후반 IMF 사태와 경제 위기를 겪으면서 서울대 졸업이 더 이상 아무것도 보장해주지 않는 시대가 도래하자 서울대 내에서도 무한 경쟁 시스템이 작동한다. 법대는 말할 것도 없고 문과 학생 절반이 고시에 인생을 건다. 그중 다수는 사법시험에 매달렸다.

평생 공부만 해온 아이들이, 얄팍한 인문 서적 하나 읽을 시간 없이 1학년 때부터 사법시험에 올인한 아이들이 20대 중후반 이른 나이에 판사가 되어 돈이 없어 분유를 훔쳐야 했던 엄마를 판단하고 있는 게 한국이다.

1. 라면 한 봉지를 훔친 상습 절도범
2. 아동 성 착취물 22만 개를 사이트에 올린 범죄자
3. 횡단보도를 건너던 10대 여고생을 치어 죽인 만취 운전자

합당한 징역은 얼마일까?
단편적인 정보로만 판단하기엔 무리가 있으나 상습 절도범은 따끔하게 야단친 뒤 집행유예, 나머지 둘은 무기징역 정도가 적당해 보인다. 하지만.

1. 징역 3년 6개월(2014)
2. 징역 1년 6개월(2018)
3. 징역 3년(2020)

인간에 대한 이해, 인문 소양, 인문학의 결핍이 낳은 결과다.*

---

* 물론 일부 법조인들의 얘기다. 지금은 로스쿨 제도가 도입되고 판사 임용 시 법조인 경력을 요구하면서 이른 나이에 판사가 되는 것은 거의 불가능해졌다. 법조인을 희망하는 학생들에게 좋은 책을 추천한다. 안경환, 《조영래 평전》, 강, 2006. 조영래변호사를 추모하는 모임, 《진실을 영원히 감옥에 가두어 둘 수는 없습니다》, 창작과비평사, 1991.

044

재앙을
부르는 것은
누구인가

#소년등과 #세가지불행

다음 네 사람의 공통점은 무엇일까?

　맹사성(26), 김일손(23), 김기춘(21), 우병우(20).

　이른 나이에 과거나 사법시험에 통과하는 걸 '소년등과'라 부르는데, 네 사람은 대표적인 소년등과자다. 괄호 안은 시험에 합격한 나이다.

　김기춘과 우병우는 서울대 법대 선후배 사이다. 김기춘은 3학년, 우병우는 4학년 때 사법시험을 통과했다. '재학 중' 사법시험

통과는 천재들만 모인다는 서울대 법대에서도 극소수만 가능한 일이다.

김기춘은 유신헌법 설계, 공안사건 조작, 지역감정 조장, 문화계 블랙리스트 작성 등 40년 동안 참으로 올곧게 '민주주의의 적'으로 살았다. 말년에 드디어 직권남용으로 구속됐다. 김기춘을 존경한다고 밝힌 우병우 역시 선배처럼 절정의 권력을 누리다 직권남용으로 구속된다.

맹사성(1360~1438) 역시 이들과 비슷한 길을 갈 뻔했다. 잘 나가던 젊은 날 용한 스님을 찾아 고견高見을 구하는데, 잔이 넘치도록 물을 따르던 스님이 '찻물이 넘치면 방바닥을 더럽히듯 재능이 넘치면 인성을 더럽힙니다'라고 말한다. 팩트 공격이라 생각한 맹사성이 황급히 방을 벗어나다 문틀에 이마를 찧는다. 훅 들어오는 스님의 마무리 펀치.

"고개를 숙이면 부딪치지도 않습니다."

이 사건 이후로 맹사성의 인성이 180도 변해 조선을 대표하는 '청백리 + 겸손왕'이 되었다는 만화 같은 스토리가 있다.

김일손(1464~1498)은 이조좌랑으로 한창 잘나가던 중 임금에게 상소를 올려 자신을 잘라 달라고 간청한다.

"재앙을 부르는 것은 자기 자신입니다. 요행히 사람의 공격은 피하더라도 하늘의 형벌은 반드시 있을 것이니, 이제 자중하고 뒤로 물러나겠습니다."

맹사성과 김일손이 살았던 시대 청소년 필독서인《소학》에 나오는 내용이다.

소년등과^{少年登科} : 어린 나이에 최고의 자리에 오르는 것
석부형제지세^{席父兄弟之勢} : 아빠 찬스, 집안 찬스를 이용하는 것
유고재능문장^{有高才能文章} : 재능이 많고 글 솜씨가 좋은 것

이들의 공통점은? 요즘이라면 대번 '행복 충전을 위한 3종 세트'라고 답할 듯하다. 옛사람은 '사람에게 오는 세 가지 불행'이라 규정했다. 사람을 교만하게 만들어 결국엔 망하도록 이끄는 요물들.
그래도 갖고 싶다. 셋 다. 안 되면 하나라도 간절히.
그래서 요물이다.

한 사람만
자유로운 나라

#게티즈버그연설 #헤겔

장장 한 시간의 연설로 모든 청중이 좀비처럼 변해갈 때, 두 번째로 등장한 연사가 2분 만에 연설을 끝내면?

끝내주는 사람이다.

남북전쟁이 한창이던 1863년 11월 19일 펜실베니아 주 게티즈버그 군인 묘지 개막식에서 두 번째 발언자로 등장한 링컨은 대치동 1타 강사의 실력으로 민주주의를 2분 만에 깔끔하게, 지금까지 누구도 능가할 수 없게 설명한다.

□이 평등하게 창조되었다는 명제 위에 미국은 건설되었다.

남북전쟁으로 죽은 용감한 자들이 남겨 놓은 과제에 우리는 헌신해야만 한다. 그 과제는 '□의, □에 의한, □을 위한' 통치가 영원하도록 노력하는 것이다.

□ 안에 '모든 국민'이 들어가면 민주주의다. 오늘날 지구상 거의 모든 사람이 민주주의를 열망하는 이유다. 도스토옙스키가 활동할 당시 러시아는 빈 칸에 소수만 넣었고, 뒤를 이은 소련은 극소수만 넣었다. 때론 스탈린 한 사람일 때도 있었다. 중국과 북한 역시 마찬가지. 물론 한국을 비롯해 민주주의를 표방하는 지구상 어느 국가도 □ 안에 모든 국민을 넣은 적은 없다. 아직 공사 중이라서 그렇다. □ 안에 들어가는 사람들의 숫자가 단기간의 기복은 있었을지언정 점점 더 늘어나고 있다.

민주주의가 위대한 점은 경쟁하는 다른 이데올로기의 장점도 내부 수리에 반영한다는 점이다. 민주주의는 공산주의 소련의 1대 지도자 레닌이 줄기차게 강조했던 '남녀를 평등하게 대하고 양쪽 모두에게 평등한 경제적 기회를 줘야 한다'는 주장을 적극적으로 실천하고 있으며, '노동으로 얻은 이윤은 공평하게 나누어야 한다'는 공산주의 명제 역시 배워서 응용하고 있다. 그렇게 하지 않으면 경쟁자들이 그랬듯 민주주의 역시 무너질 수 있으므로.

위대한 독일 철학자 헤겔의 말이다. □ 안에 들어갈 단어는?

> □은 한 사람만 자유로웠다.
>
> □은 소수만 자유로웠다. 하지만 그들의 자유는 노예들의 자유를 빼앗은 대가였다.

처한 위치나 시간에 따라 다양한 답이 나올 수 있다. 헤겔의 말은 이렇다.

'동양인'은 왕 한 사람만 자유로웠다.

'그리스인과 로마인'은 소수만 자유로웠다. 하지만 그들의 자유는 노예들의 자유를 빼앗은 대가였다.

우리는 몇 명이나 자유로울까?

성범죄도
판결을
먹고 산다

#다크웹 #미국이라면종신형

2018년 기준으로 세계에서 가장 규모가 큰 '아동 성 착취물' 거래 사이트는 어느 나라에 있을까?

한국이다. 해당 사이트 운영자는 20대 초반의 한국인 S. 미국은 이름을 비롯한 신상을 공개했지만 한국에선 S의 '인권'을 보호하느라 한동안 이름을 공개하지 않았다. 나이와 성(性)만 알았다. S는 특수 브라우저로만 접속이 가능한 '다크웹(Dark web)'을 통해 오직 '아동 성 착취물*'만 거래했다. 유통된 영상이 무려 22만 개가

---

* 아동 음란물, 아동 포르노라는 용어는 문제가 있다.

넘는다. 청소년은 물론 걸음마를 막 뗀 영아의 성 착취 영상도 있었다.

열아홉 살이던 2015년에 이 사이트를 개설한 S는 4억 원 이상을 벌었다고 한다. S에게 합당한 대가는 어느 정도일까? 미국 법무부 차관보의 말이다.

"미국이라면 종신형."

하지만 한국에서는 어떤 판결을 내렸을까? 심장이 약하거나 혈압약을 복용하고 있다면 미리 마음의 준비를 하기 바란다.

1심에서는 집행유예로 풀어줬다. 늘 하는 말, 초범이니까, 나이가 어리니까. 우리나라가 언제부터 어린 사람에게 이토록 관대했을까. '나이도 어린놈이 어디서'라는 문장이 여전히 난무하는 사회인데.** 2심에서는 그나마 징역 1년 6개월을 선고했다. 1년 6개월이라도 선고해준 것을 감사해야 하는 상황이다.

영상을 본 이용자들은 어떻게 되었을까? 미국에서 잡힌 이들은 영상을 다운로드한 것만으로도 징역 5~20년 형을 받았다. 한국에서 잡힌 사이트 이용자는 돈은 지불했지만 영상을 다운받지

** 나이로 서열을 따지는 문화는 조선시대 유교 문화의 유산이 아니다. 학생과 군인을 통합해서 관리하던 일제 강점기의 잔재다. 한 네티즌은 이런 댓글을 남겼다. "나이가 어리니 범죄 저지를 날도 더 많다."

는 않았다는, 술은 먹었지만 음주운전은 하지 않았다는 급의 주장이 인정되어 무죄판결을 받았다.

풀려난 그가 올린 글이다.

"미국에서 태어나지 않은 걸 감사한다."

많은 놈들이 이 글에 '고생했다'며 축하 댓글을 달았다. 과연 누가 더 악마일까?

더러운 귀신이 사람에게서 나갔다 돌아오면 저보다 더 악한 귀신 일곱을 데리고 온다.[***]

[***] 예수님의 말씀이다. 〈마태복음〉 12장.

우리 안의
빨갱이

#n번방사건 #디지털성범죄

A는 SNS에 개인 사진을 올린 초등학생에게 '게시물 신고가 접수됐으니 링크에 신상정보를 입력하고 조사를 받으라'는 문자를 보냈다. 답이 없으면 '부모에게 연락한다'며 재촉했다. '부모'란 말에 판단이 흐려진 초등학생이 신상정보를 보내면 A는 신원을 확인해야 한다며 얼굴 사진을 요구했다. 얼굴 사진을 받은 A는 '이름, 사진, 신상정보'를 다 알고 있으니 네가 다니는 학교와 친구들에게 가짜 정보를 뿌리겠다고 협박한다. 그러면서 전신, 가슴, 상의 탈의 순으로 사진을 요구했다.

끝없는 협박과 독촉에 아이들은 쉽게 무너졌다. A는 초등학생을 길들여 엽기스럽고 가학적인 방법으로 성^性을 착취하고 영상을 찍어 텔레그램 비밀방에 유료로 유포했다. 수만 명이 돈을 내고 그 영상을 봤다.

이게 '텔레그램 n번방 사건'이다. 2020년 3월 17일, 드디어 범인이 잡혔다. 이 사건을 접한 대부분의 국민은 분노했다. 그런데.

사건 2주 전 국회에선 묘한 일이 일어났다. 2020년 3월 3일, 국회 법사위는 '성폭력범죄의 처벌 등에 관한 특례법 개정안' 4건을 상정해 논의했다. 개정안의 핵심은 음란물에 등장하는 인물의 얼굴에 지인이나 특정한 사람의 얼굴을 합성하는 행위, 즉 딥페이크^{Deepfake}에 대해 가중 처벌하자는 것이다. 그동안 딥페이크는 성폭력으로 인정되지 않아 정보통신망법상 명예훼손, 음란물 제작 등의 혐의만 적용됐고 95퍼센트가 벌금, 집행유예, 선고유예 등의 가벼운 처벌만 받았다.

다음은 관련자들의 발언이다.

보수 정당 의원(입법부): "자기만족을 위해 이런 영상을 혼자 즐긴다, 이것까지 갈 거냐(처벌할 것이냐)."

법원행정처 차장(사법부): "자기는 예술작품이라고 생각하고 만들 수도 있거든요."

법무부 차관(행정부): "청소년들이나 자라나는 사람들은 자기

컴퓨터에서 그런 짓 자주 하거든요."

미국 건국의 아버지들이 힘겹게 분리한 삼권의 완벽한 재결합이다. 논의 끝에 법사위는 영상을 '보관'하거나 '소비'하는 이들에 대해서는 처벌하지 않기로 했다. 이들은 몰랐을까? 소비가 있으면 반드시 공급이 생긴다는 자본주의 원리를.

자본주의 원리를 모르네. 그럼 공산주의자들?

이러면 '극우의 뇌'가 되는 것이고, 어쨌든 인문 교양이 부족하면 이렇다.*

---

* 한국에서 스스로를 '보수'라고 규정하는 사람들의 상당수는 사실상 '극우'다. '진정한 보수'에 대해 알고 싶으면 다음 두 책을 참고하길 바란다. 러셀 커크, 《보수의 정신》, 이재학 역, 지식노마드, 2018. 배리 골드워터, 《보수주의자의 양심》, 박종선 역, 열아홉, 2019.

048

참 한결같은
사람

#호기심범죄는다용서

n번방 사건이 터지고 2주가 지난 2020년 4월 1일, 방송기자클럽 초청 토론회에 참석한 A. n번방 회원 26만 명에 대한 신상공개가 필요한지 묻자 개개인 가입자 중 범죄를 용인하고 남아 있거나 범죄행위에 참여한 사람은 처벌 대상이 돼야 하지만 호기심 등으로 방에 들어왔다가 부적절하다고 판단해 활동을 그만둔 사람에 대해서는 판단이 다를 수 있다고 답한다.*

---

* 이런 분들 혹은 주위에 이런 분들이 많은 사람이 읽으면 좋은 책이다. 레온 페스팅거, 《인지부조화 이론》, 김창대 역, 나남, 2016.

단순 호기심에 들어갔다 나온 사람에게는 관용을 베풀어야 한다는 취지다.

1. 텔레그램을 깐다.
2. n번방을 찾는다.
3. 비트코인 계좌를 개설한다.
4. 본인 인증 후 70~300만 원을 보낸다.
5. 가입 승인 후 들어간다.
6. 이건 부적절한데. 나가야겠다.

단순 호기심으로 가기엔 단계가 너무 많다. 그리고 컴맹과 컴근시에겐 1단계를 통과하는 것조차 버겁다. 당연히 여론이 들끓었다. 같은 당 여성 의원조차 '그런 가벼운 생각으로 접근하면 신종 성범죄는 다시 잉태할 것'이라며 A를 비판했다. 국회의원 선거를 2주 남긴 민감한 시점에 A는 말을 바꾼다.

"이 사건 관련자는 전원 '무관용 원칙'이 적용돼야 한다. 우리 당이 특별법 제정에 앞장서겠다."

18년 전인 2002년 1월, 서울지검 부장검사였던 A는 정보공유 사이트(와레즈)를 통해 아동 성 착취물을 공유하고 거래한 일당 11명을 적발했다. 어떻게 처리했을까? '징역 100~300년 구형'은 택도 없는 소리고 벌금 100~300만 원으로 약식기소하고 끝냈다.

    이 분, 참 한결같다. 문제는 성범죄를 바라보는 대한민국 법조인들의 시선이 A와 크게 다르지 않아 보인다는 점이다.

정욕 1위의
나라

#7대죄악 #무죄지옥

영국 BBC 방송이 발행하는 잡지 〈포커스 Focus〉는 2001년, '죄 많은 나라' 순위를 매겼다. 죄의 기준은 단테의 《신곡》에 나오는 7대 죄악이었다. 브래드 피트가 주연한 영화 〈세븐〉을 떠올려도 되겠다.

정욕, 탐식, 탐욕, 나태, 분노, 시기, 교만.

한국이 1위를 차지한 분야가 있다. 뭘까?
'정욕 情慾, lust (성적 욕망)' 부문 1위로 선정되었다. 탐식은 6위. 종합 성적 8위를 기록했다.

불법거래 시장을 분석하는 미국 기업 '하복스크포^{Havocscope}'에서 2015년 국민 1인당 성매매 지출을 조사한 결과다.

1위 스페인(약 65만 원)

2위 스위스(약 51만 원)

3위 한국(약 29만 원)

3위라고 실망하진 말 것. 성매매가 불법인 나라로 한정하면 한국이 1위다. 세계 최대 아동 성 착취물 거래 사이트의 운영자가 한국인인 것, 성범죄에 관대한 것이 우연의 일치일까?

매년 차마 입에 담지 못할 성범죄 사건이 일어나지만 집행유예 또는 실형 2~3년 정도로 양형 수준이 낮아 논란이 되고 있다. 양형 기준에 따른 것이라고 하지만 미온한 처벌 수위는 범죄 예방 효과도 없을뿐더러 피해자들을 더 힘들게 한다.

현재 형법상 유기징역의 상한선은 30년이다. 가중 처벌할 경우 최대 50년까지 선고가 가능(형법 제42조)하지만 성범죄에 관한 실제 판결을 살펴보면 가중 처벌을 받아도 10년을 넘기는 경우가 드물다.

위에서 언급한 아동 성 착취물 거래 사이트 운영자의 미국 송환이 불허되자 많은 이들에게 다시 회자된 판결이 있다.

2018년 1월, 미국의 한 법정에서 판사가 피고인이 쓴 반성문을 집어던지며 법정 최고형인 175년형을 선고한다.*

바로 미국체조협회 주치의가 30년간 체조선수들에게 성폭력을 저질러 미국뿐만 아니라 전 세계에 충격을 안겼던 사건이다. 재판 과정은 생방송으로 중계됐고 150여 명의 피해 여성들은 7일간 법정에 서서 자신의 목소리로 증언했다. 이를 지켜본 많은 이들이 피해 여성들의 용기와 로즈마리 아킬리나^{Rosemarie Aquilina} 판사의 판결에 감동했다.

You are no longer victims, you are survivors.

아킬리나 판사는 피해자들을 '생존자'라고 부르며 그들을 응원했다.

우리나라에서도 충격적인 체육계 성폭력 사건이 여러 건 있었다. 결과는 어땠을까.

역시나 솜방망이 처벌에 그쳤다. 과연 언제쯤 대한민국 법정에서 '사이다 판결'을 볼 수 있을까?

---

* 피고인 래리 나사르는 여러 혐의에 대한 추가 재판을 거쳐 총 360년형을 선고받았다. 또한 미국 법정은 미국체육협회와 고용주인 미시간주립대학까지 책임을 물었다. 이 사건에 대해 자세히 알고 싶다면 다큐멘터리 영화 〈우리는 영원히 어리지 않다〉를 추천한다.

050

과연 누가
반성해야 할까?

#범법소년 #촉법소년 #범죄소년

'사진을 보내지 말았어야지.'

'피해자도 잘못했네.'

'내 딸이라면 잘못 가르친 나를 탓하겠다.'

텔레그램 n번방 사건 직후 각종 기사 댓글과 SNS에는 이런 글들이 올라왔다. 이 사건의 팩트를 다시 살펴보자.

주민센터에 근무해 개인정보를 빼낼 수 있었던 범인들은 '성인' 피해자의 집주소를 알아낸 뒤 '부모를 죽이겠다, 동생의 팔을 자르겠다'는 협박 편지를 보냈다. 겁에 질린 피해자는 범인들의 협박을 따를 수밖에 없었다.

어느 대목에서 '성인 피해자'는 자신의 행동을 반성해야 할까? 이들은 '초등학생 피해자'에게도 반성을 요구한다. 다시 반복하자.

n번방 사건의 범죄자 A는 SNS에 개인 사진을 올린 초등학생에게 '게시물 신고가 접수됐으니 링크에 신상정보를 입력하고 조사를 받으라'는 문자를 보냈다. 답이 없으면 '부모에게 연락한다'며 재촉했다. '부모'란 말에 판단이 흐려진 초등학생이 신상정보를 보내자 A는 신원을 확인해야 한다며 얼굴 사진을 요구했다. 얼굴 사진을 받은 A는 '이름, 사진, 신상정보'를 다 알고 있으니 네가 다니는 학교와 친구들에게 가짜 정보를 뿌리겠다고 협박했다. 그러면서 전신, 가슴, 상의 탈의 순으로 사진을 요구했다. 끝없는 협박과 독촉에 어린 아이들은 쉽게 무너졌다. A는 초등학생을 길들여 엽기스럽고 가학적인 방법으로 성^性을 착취하고 그 영상을 찍어 텔레그램 비밀방에 유료로 유포했는데, 수만 명이 돈을 내고 그 영상을 봤다.

어느 대목에서 '초등학생 피해자'는 자신의 행동을 반성해야 할까?

우리나라에선 만 10세 이상 14세 미만이 죄를 지으면 촉법소년*이 되고, 촉법소년은 형벌 대신 보호처분을 받는다. 보호처분의 종류는 10개다.

1호 처분: 사실상 집에 간다고 보면 된다.

2호 처분: 100시간 이내 수강 명령

3호 처분: 200시간 이내 사회봉사 명령

4호 처분: 보호 관찰 1년

5호 처분: 보호 관찰 2년

6호 처분: 소년복지시설이나 소년보호시설에 위탁(6개월)

7호 처분: 소년의료보호시설에 위탁(6개월)

8호 처분: 소년원 송치(1개월 이내)

9호 처분: 소년원 송치(6개월 이내)

10호 처분: 소년원 송치(2년 이내)

훔친 렌트카를 몰던 13세 소년이 사람을 치어 죽였다. 초등학생이 친구를 칼로 찔러 죽였다. 14세 미만이 낀 중·고등학생들이 여고생을 산으로 끌고 가 집단 성폭행하고 성매매를 알선했다.

---

* 　범법소년(10세 미만: 보호 처분도 없고 형사 처벌도 없음), 촉법소년(10~13세: 형사 처벌 없음. 보호 처분만 가능), 범죄소년(14~18세: 보호 처분 가능, 형사 처벌 가능).

이들 사건의 가해자는 촉법소년이다. 2016년부터 2018년까지 28,024명이 촉법소년이 되었고 이들 범죄의 77퍼센트는 '살인, 강도, 절도, 폭력'이다. 반성이란 이런 아이들에게 요구하는 것이다.

051

가해자를 위한
나라

#소년원대신인문교육

자정을 넘긴 대전의 한 사거리, 오토바이로 배달 아르바이트를
하던 열아홉 살의 대학 신입생이 신호를 어긴 뺑소니 승용차에
치어 그 자리에서 숨졌다.* 운전자는 만 열세 살, 즉 촉법소년이
었고 일곱 명의 동승자 역시 비슷한 나이였다. 차를 훔치고, 뺑소
니를 하고, 사람을 죽였지만 이들은 길어야 2년의 소년원 생활만
마치면 전과도 없이 사회로 복귀할 수 있다. 관대하게 다루어야

---

* 2020년 3월 29일, 그는 학비와 생활비를 벌기 위해 알바에 나섰다. 코로나바이러스감염증
사태로 입학이 연기되어 대학 생활을 해보지도 못하고 세상을 떠났다.

이런 아이들이 '건전하게 성장한다'고 믿었던 1958년에 제정된 소년법 때문이다.**

   뺑소니 사망 사고 5일 전. 이 아이들은 훔친 차로 영종도 일대를 돌아다니며 주차한 차량들을 닥치는 대로 들이박았고, 편의점을 털었으며 기념사진을 SNS에 올렸다. 차가 망가지거나 기름이 떨어지면 또 다른 차를 훔쳤다.

   뺑소니 사망 사고 8일 전. 이 아이들은 훔친 차로 김천시의 셀프주유소 몇 군데를 돌아다니며 주유기를 파손하고 돈을 훔쳤다.

   뺑소니 사망 사고 20일 전. 이 아이들은 부천의 한 식당에 침입해 금고를 훔쳤다.

   뺑소니 사망 사고 30일 전. 이 아이들은 부산의 한 가게에서 돈을 훔쳤다.

   이런 아이들이 소년원만 갔다 오면 과연 '건전하게 성장'할 수

** 소년법의 목적(제1조): 반사회성이 있는 소년의 환경 조정과 품행 교정을 위한 보호처분 등의 필요한 조치를 하고, 형사 처분에 관한 특별조치를 함으로써 '소년이 건전하게 성장하도록 돕는 것'을 목적으로 한다.

있을까?

성폭행, 살인 등 점점 흉악해지는 촉법소년의 범죄를 두고 두 가지 주장이 나온다.

   - 촉법소년의 나이를 낮추고 처벌을 강화해야 한다.
   - 문제 부모가 만든 아이들이다. 처벌 강화가 능사는 아니다.***

둘 다 핵심을 놓치고 있다. 이 아이들이 강력범죄를 '반복해서' 저지르는 가장 큰 이유는 좁쌀보다 작은 공감 능력에 있다. 타인의 고통에 대한 초저감각 혹은 무감각. 처벌 강화나 관용보다 공감 능력을 키워줘야 아이들도 살고 선량한 시민들도 산다. 전국 소년원을 죄다 리모델링해서 특수학교로 바꾸고 보호처분 대신 다음 열 과목을 이수하게 하면 어떨까?

  문학: 동서양 문학에 나타난 모든 죄의 유형 찾기(100개 이상)
  역사: 내 죄와 비슷한 죄를 지은 인물 찾기(1,000명 이상)
  법학: 내 죄와 똑같은 죄를 범한 사람이 받은 처벌에 대한 케이스 학습(1,000회)
  종교학: 각 종교 경전에서 내 죄를 처리하는 방식 연구(기독교,

*** 8년간 소년재판을 담당했던 천종호 판사의 책들을 참고하면 좋다.

불교, 이슬람교, 유교)

생물학: 피해자의 몸과 정신에 가한 상처와 유사한 고통 체험

사회학: 내 죄가 사회에 끼친 해악에 대한 분석 보고서 작성

심리학: 피해자의 자리에 나를 세워보는 역할극(총 50회)

인류학: 피해자 가족의 삶을 가상으로 살아보기(총 500시간)

철학1: 피해자의 피해를 총체적으로 이해하기(발표)

철학2: 세상과 우주 속에서 나의 위치 고찰하기(논문 작성)

졸업시험은 피해자를 직접 만나 사과하기. 피해자의 입에서 '이제 그만 사과해'라는 말이 나오면 졸업이 가능하다.

왜 이렇게까지 해야 하는가? 지금의 법으로는 촉법소년이 딸을 성폭행하거나 아들을 때려 죽여도 부모는 가해자들의 신상을 알 수 없고 가해자의 죄를 다투는 법정에도 절대 들어갈 수 없다. 가해자가 갑인 이 나라에서 평생 가해자와 국가를 원망하다 결국엔 자식을 지키지 못했다는 원망이 스스로를 갉아먹어 피해 이전의 삶으로는 돌아갈 수 없는 생을 견뎌내야 하기 때문이다. 그리고 그 주인공이 바로 내가 될 수 있기 때문이다.

052

공감 능력은
저절로
자라지 않는다

#동정과공감은다르다 #타인의고통

라파엘로가 그린 〈아테네 학당〉에서 플라톤의 손가락은 하늘을 가리키는데 아리스토텔레스의 손바닥은 땅을 향한다. 사제지간이지만 철학의 방향은 달랐다는 의미다. 이들이 활동하던 B.C.4세기에 그리스어 $\pi\acute{\alpha}\theta o\varsigma$의 의미는 다음과 같았다.

$\pi\acute{\alpha}\theta o\varsigma$ (pathos 파토스) : 사고, 나쁜 경험, 고통, 불운

여기서 유래한 영어단어가 sympathy와 empathy다. 영어사전은 sympathy도 '동정, 공감' empathy도 '동정, 공감'으로 설

명하지만 심리학이나 정신의학에선 이를 구별해 사용한다.

sympathy(심퍼시): 동정

empathy(엠퍼시): 공감

단어를 쪼개면 의미가 살아난다.

sympathy:

sym(동시에)–path(고통)

타인의 고통을 나도 동시에 느낀다.

empathy:

em(안으로)–path(고통)

타인의 고통 속으로 '일부러' 들어간다.

동정은 노력이 필요 없다. 즉각적으로 발생하는 감정이다. 공감은 다르다. 노력이 필요한 감정이다. 갈고닦아야 길러진다. 그래서 '공감'은 '능력'과 패키지다. '공감 능력'.

공감 능력에도 눈덩이 효과가 적용된다. 출발이 좋으면 호박, 출발 때 버벅거리면 좁쌀이다. 똑같이 100번 굴러도 결과는 천양지차天壤之差다.

공감 능력의 출발은 언제일까? 부모의 풍부한 스킨십을 통해 언어를 학습할 때, 공감 능력은 호박이 되어 출발한다. 요즘 아이들은 좁쌀이다. 부모보다 기계(TV, 게임, 휴대전화, 유튜브)로부터 더 많은 언어를 습득하기 때문이다. 부모와의 애착이 빠진 언어학습은 건조한 상품설명서를 읽는 것과 같다. 공감 능력은 저절로 자라지 않는다.

키보드 뒤에 숨어 사건의 본질을 이해하지 못하고 피해자들을 탓하는 판타지급 공감 능력을 보여준 이들의 논리대로라면 좁쌀을 굴리신 이들의 어머니들도 반성문을 써야 할 듯하다.

사이코란 영어 단어는 없다. 하도 많이 쓰니까 사전에 등재되어 있지만 원래 단어는 사이코패스psychopath다. 이 단어도 자세히 보면 'path'가 있다. 뜬금없이 이 단어가 떠올랐다.

053

집행유예
지옥

#우리옆에사이코패스

다음 중 사이코패스*는? 복수 정답이 가능하다.

1. 계부 A는 2016년부터 수양 딸 B(당시 10세)에게 음란물을 보여주며 성폭행한다.**

2. 딸 B는 외할머니에게 성폭행 사실을 알린다.

3. 친모 C는 아빠에게 사과하라며 딸 B를 폭행했고 아동학대

---

* 상식과 달리 '사이코패스'와 '소시오패스'의 구분이 명확한 건 아니다.

** A는 2심에서 징역 8년을 선고받았다.

혐의로 기소된다.

　4. 딸 B는 엄마를 엄벌해 달라고 재판부에 요구한다.

　5. 1심 재판부는 친모 C에게 징역 8개월, 집행유예 2년을 선고한다.***

　6. 2심 재판부 역시 친모 C에게 징역 8개월, 집행유예 2년을 선고한다.****

　7. 2심 재판부의 말이다. "성인답게 아이를 잘 키우기 바란다."

***　풀 버전은 대략 이렇다. 친모는 죄질이 불량하다. 딸로부터 용서를 받지 못했다. 피해 회복
　　도 이뤄지지 않았다. 딸이 엄벌을 요구하고 있지만 잘못을 반성하고 있다. 부양해야 할 다
　　섯 살 아들이 있다. 건강도 좋지 않다. (〈서울신문〉 2020년 1월 17일자)

****　검찰과 피고인의 항소를 모두 기각하면서 2심 재판부가 한 말이다. "1심의 형이 너무 가볍
　　거나 무겁다고 보이지 않는다." (〈서울신문〉 2020년 5월 28일자)

054

반성문을 왜
판사가 받을까?

#감형3종세트

판사는 반성문, 탄원서, 피해자와의 합의, 피고인의 개인사정 등을 참고해 형을 감면해준다. 그래서일까? 범죄자들 사이에선 감형 3종 세트가 유행이다.

　반성문, 기부, 봉사활동.

　효과도 좋다. 미국이라면 종신형을 받았을 아동 성 착취물 거래 사이트 운영자 S.* 1심 재판에서 500장 넘는 반성문을 제출했다. 결과는 집행유예.

풀려난 사이 후다닥 결혼해버린 S는 2심 재판에서 결혼으로 부양가족이 생긴 점, 경제적으로 어려운 유년시절을 보냈다는 점을 어필해 1년 6개월을 받았다.

지하철에서 여성의 치마 속을 휴대전화로 촬영한 B. 범행 후 성폭력상담소에 회원으로 가입하고 회비를 기부한다. 판사는 '죄를 깊이 반성하고 있다'며 약한 처벌을 내렸다.

불법촬영 등의 혐의로 잡힌 C. 범행 '후' 자원봉사를 하고, 다시는 범행을 하지 않겠다고 다짐하는 게 반성의 증거라며 선고유예를 받는다.

음주전과 3범이 또 다시 음주운전을 하다 '어린이 보호구역'에서 6세 아동을 친 뒤 달아났다. 판결은?
예상대로 집행유예다. 고맙게도 범행을 뉘우치시고 황송하게 자백까지 하셨으니.

이런 발암판결들이 쌓이니 영악한 범죄자들은 잡힐 때를 대비해 미리 봉사시간을 채워놓는 신공神功도 발휘한다. n번방 주범

---

* 164쪽 참고.

은 범죄 와중에 50번이 넘는 자원봉사를 하고 인증도 받았다. 공범들 역시 비슷한 상황이다. 성범죄 판결에서 '반성 및 뉘우침'이 양형 요소로 고려된 경우가 30~40퍼센트라는 조사도 있다.**

과연 이런 반성이 진심일까? 한 포털사이트엔 성범죄자들이 경험을 공유하는 카페가 2010년에 개설되었다. 2020년 회원수는 2만 명 이상이다. 여기서는 '지하철 성추행', '성폭행' 등 여러 상황에 따른 '반성문'을 구입하는 노하우도 알려준다. 회원끼리 반성문 첨삭도 해준다.

정말 가지가지 한다. 백번 양보해 범죄자들의 반성이 진심이라 치자. 그런데 반성을 왜 판사에게 할까? 피해자에게 해야지.***

** 한국성폭력상담소 발표(2020), 2019년 선고된 성범죄 관련 판결문을 분석한 결과다.

*** 2012년 사귀던 여성을 칼로 협박하고 감금한 뒤 성폭행한 23세 전직 씨름선수 D는 '감금, 협박, 특수강간, 상해'로 기소되었지만 집행유예로 풀려난다. 성범죄자 신상정보도 공개되지 않았다. '반성문, 어린 나이, 교정 가능성, 피해자가 처벌을 원치 않음'이 이유였다. 이렇게 기계적으로 판결할 거라면 진짜 기계(AI)에게 판결을 맡기는 게 낫지 않을까? 2020년 4월, 31세가 된 D는 일주일 동안 두 명의 젊은 여성을 성폭행하고 살해했다.

055

지구를 구한
여성

#레이첼카슨 #침묵의봄

연방 공무원으로 10년 이상 근무했고 책도 몇 권 출간했으며 환경보호주의자인 해양생물학자 레이첼 카슨^{Rachel Carson}. 1958년에 조류학자인 친구로부터 정부의 비행기가 모기를 죽이려고 숲에 살포한 살충제 DDT 때문에 기르던 새가 모두 죽었다는 소식을 듣는다. 카슨은 한동안 관심에서 멀어졌던 '살충제 피해'를 다시 연구해야겠다고 결심한다.

  유방암 판정을 받는 등 시련이 있었지만 4년의 시간을 투자해 1962년 6월 16일 〈뉴요커〉에 《침묵의 봄》 요약본을 게재한다. 1주일 간격으로 총 3회, 《침묵의 봄》 내용의 30퍼센트 정도를 게

재했다. 단행본은 그해 9월 27일에 출간했다.

벌레를 죽이려고 살포한 DDT가 동물들의 몸에 쌓이면서 결국엔 인간에게도 해를 끼친다, DDT는 암을 유발한다는 충격적 내용과 카슨의 글 솜씨가 만나니 대중의 관심은 폭발했다. 급기야 케네디 대통령까지 특별한 관심을 보인다.

《침묵의 봄》은 1964년에 그녀가 죽기 전까지 100만 부나 팔렸다. 대중의 반응에 힘을 얻은 미국 환경단체들은 1960년 10만 명이던 회원을 10년 만에 10배나 늘리면서 정치권에 영향력을 행사한다. 그 결과 1970년, '4월 22일'이 '지구의 날'이란 이름을 얻는다.

제1회 지구의 날 축제에 2,000만 명이 참석했다. 환경단체의 입김은 갈수록 세지고, 정치권은 그런 환경단체를 더욱 의식하게 되면서 다시 환경단체의 힘이 커지는 상승효과를 불러일으킨다.

드디어 1972년 카슨이 그렇게도 경멸했던 DDT가 미국에서 퇴출된다. 환경주의자들은 정치인들에게 계속 압력을 넣어, 즉 미국이 가진 지배적 힘을 동원해 다른 나라에서도 DDT 사용을 금지시켰다. 1976년 세계보건기구는 DDT를 이용한 말라리아 퇴치 프로그램을 축소했다.

살충제업계, 반환경주의자, 성공하는 여성이 그냥 싫었던 남성들. 이들은 카슨을 공산주의자, 왜곡된 독신주의자, 사이비종교

광신자로 공격하기도 했다. 하지만 카슨은 흔들리지 않았다. 헌법에 기초한 미국의 국가 정체성을 믿었다. 그래서 건국의 아버지들을 신뢰했고 그들의 헌법 초안이 수정헌법에 의해 보충되었듯이 수정헌법이 빼먹은 내용(독성물질로부터 시민의 안전을 보장할 장치)을 자신이 보충해야 한다고 믿었다.

결국 이런 말이다. 건국의 아버지들도 못한 일을 내가 해내겠다. 미국을, 지구를, 온 인류를 구하겠다.

056

《침묵의 봄》이 가져온
또 다른 결과

#과학이라는이름의소설 #공포마케팅

《침묵의 봄》은 무분별한 살충제 사용에 대한 위험성을 전 세계에 알렸고 환경운동을 비롯해 다양한 시대적 변화를 일으켰다. 하지만 지금의 우리는 그 이면을 조금 더 들여다볼 필요가 있다.

    《침묵의 봄》이 출간된 후 과학자들은 카슨의 주장을 지지하기 위해 혹은 반증하기 위해 수십 년 간 DDT의 독성을 연구했다. 결과는?

    레이첼 카슨은 진리를 발견하고 발견한 진리를 대중에게 보급하는 것이 과학의 목적이라고 밝혔지만 DDT가 암을 유발한다는 '과학' 연구 결과는 없다. 하나도 없다. 혹시 여러분이 그런 결과를 어디선가 얼핏 봤다면 그건 '확정된 과학적 사실'이 아니라 실험실 단계의 연구일 뿐이다. 개똥쑥 추출물을 (인체가 아니라 실험실의) 암세포에 넣었더니 암세포가 죽더라는 식의.

개똥쑥이 실제 인체 속에서 암세포를 죽이는지는 전혀 다른 문제다. 실험실에서 소주는 암세포를 죽인다. 하지만 인체에 들어간 소주는 오히려 암을 유발할 수 있다. 실험실과 우리 몸은 완전히 다른 환경이다.

물론 DDT가 암을 유발한다는 증거가 미래에 발견될 수도 있다. 하지만 지금까진 없다. 중요한 건 카슨이 《침묵의 봄》을 집필할 당시에도 없었다는 점이다. 그녀가 인용한 국립암연구소 휴퍼 박사의 'DDT는 암을 일으키는 화학물질이 분명하다'는 발언도 근거 없기는 마찬가지다. 무슨 말일까?

카슨의 다른 많은 주장들은 진실에 부합했고 인류에 끼친 공적이 크다. 하지만 암 유발에 한정한다면 카슨은 '진리를 발견하는 과학'이라는 스스로의 말을 부정하고 자신의 추측과 신념을 '진리'라는 이름으로 포장했다.

그녀는 '보급'에도 뛰어났다. '내 건강, 내 아이의 건강이 위험할 수 있다'는 평범한 명제가 매혹적인 글 솜씨와 결합하자 사람들은 단번에 카슨의 주장에 빠져들었다. 게다가 카슨은 특수한 경우를 일반화하는 오류도 범했다. 사실 DDT는 개발자인 뮐러가 1948년 노벨상 수상 연설에서 조심스러운 사용을 권고했다. 하지만 카슨의 고국인 미국은 DDT를 잘못 사용했다. 권장 사용량을 수백 배나 초과하는 게 보통이었고 아예 하늘에서 대량 살포하기도 했다.*

카슨의 주장과 달리 DDT가 그렇게 해롭지 않다는 증거들도 카슨 사후 속속 발표되었다. 앞으로 벌어질 사태를 예견했는지 〈뉴욕타임스〉는 1962년 9월 23일 사설을 통해 '너무 한쪽 측면만 보기 때문에 논란을 부른다'고 살짝 지적하기도 했다.

DDT는 암과 태아 기형의 원인이 아니며 야생 동물에 '심각한' 해를 끼치지 않는다는 전문가들의 지적이 있었지만 카슨의 '공포 마케팅'에 물든 여론은 되돌아오지 않았다. 게다가 살충제 업계는 겉으로는 카슨과 출판사를 고소하겠다고 협박했지만 속으로는 환호성을 질렀다. 다른 살충제로 새로운 수요를 창출할 기회가 열렸기 때문이다.

사실 우리가 주목해야 할 점은 따로 있다. 한 언론인의 말이다.

> DDT는 새들을 죽였지만 《침묵의 봄》은 아프리카 아이들을 죽이고 있다.

---

* 식수도 한 번에 6리터를 마시면 50퍼센트 확률로 사망한다.

《쥬라기 공원》의 저자 마이클 크라이튼^{Michael Crichton}도 DDT에 대해 언급했다.

> 히틀러 때문에 죽은 사람보다 DDT 사용을 금지함으로써 죽은 사람이 더 많다.

이게 다 무슨 말일까?

057

인간을 살린 살충제

#말라리아 #기적의살충제

1870년대 중반 오스트리아 대학원생 오트마르 자이들러[Othmar Zeidler]는 마취제의 일종인 클로랄[chloral]에 황산과 클로로벤젠을 섞어 '디클로로 디페닐 트리클로로에탄[dichloro-diphenyl-trichloroethane]', 즉 DDT를 인류 최초로 만들었다. 효능은 몰랐다. 그냥 만들기만 했다. 그리고 끝.

그로부터 약 30년이 지난 후, 이웃나라 스위스에 파울 뮐러[Paul Hermann Muller]가 태어난다. 1925년 바젤 대학을 졸업한 뮐러는 화학회사 가이기[Geigy*]에 들어간다. 짬밥이 10년쯤 쌓이자 회사는 뮐러에게 새로운 살충제 개발을 맡긴다. 1935년의 일이다.

뮐러는 몇 번의 휴가 기간을 제외하고는 일주일에 두 개씩, 1939년까지 349개의 살충제를 만들었지만 결과는 두 개였다. 시원찮은 살충제, 훨씬 시원찮은 살충제. 그럼에도 뮐러는 포기하지 않았다. 그리고 뮐러를 포기하지 않는 가이기. 350번째 도전에 '기적의 살충제'를 합성하는데, 바로 DDT다.

왜 기적의 살충제일까? 벌레는 DDT에 살짝 닿기만 해도 죽었고 한 달이 지나도 효력이 남았다.

정말 기적의 살충제였다. 감자 해충(콜로라도감자잎벌레)으로 골머리를 썩던 스위스는 1942년 이후, 즉 DDT 사용 이후 국토 전역에서 해충을 몰아낸다.

제2차 세계대전 때 미군과 영국군은 모기가 옮기는 말라리아와 뎅기열로 많은 병사를 잃었다. 적의 공격보다 모기의 공격에 더 많은 병사를 잃을 정도였다. DDT를 사용하자 상황은 단번에 정리된다.[**]

DDT의 효과를 확인한 세계보건기구는 '국제 말라리아 퇴치 프로그램'을 만들어 말라리아 공격에 나선다.

DDT는 종교의 장벽도 가뿐히 넘어섰다. 동남아시아 몇몇 불

---

[*] 현재 노바티스 제약회사다.
[**] 처칠은 'DDT는 경이로운 가루'라며 놀라워했다. 1944년 남태평양에 주둔한 맥아더 부대에서 말라리아 발병률은 95퍼센트나 떨어졌다.

교 국가는 '살생 금지'라는 불교 교리 때문에 DDT 보급이 어려울 것으로 예상되었다. 그런데 보건기구 관계자의 방문을 받은 어느 큰 스님은 살충제가 모기를 바로 죽이면 살생이지만 모기가 벽에 붙어 쉬는 동안 저절로 죽으면 살생이 아니라 모기의 자살이라고 말했다.

다른 살충제와 달리 DDT는 벌레를 바로 죽이지 않는다. 벌레의 신경세포를 공격해 마비시킨다. 시간이 좀 지나야 벌레가 죽는다는 말이다. 모기 때문에 시달림을 당했거나 시달림을 당하던 중생들을 불쌍히 여긴 큰 스님이 과학을 이용해 현실과 교리의 충돌을 지혜롭게 무마한 대답이다. 덕분에 불교 국가 국민들 역시 말라리아로 더 이상 사랑하는 사람을 잃지 않아도 되었다.

DDT는 말라리아를 유발하는 모기뿐만 아니라 페스트를 옮기는 벼룩도 죽였다. 티푸스를 옮기는 이도 죽였다. 거의 모든 해충을 죽였다. 당연히 뮐러는 1948년에 노벨 의학상을 받는다.

미국 국립과학협회의 1970년 발표다.

'DDT보다 인류가 큰 빚을 진 화학물질은 없다.'

058

환경주의자들의
반성문

#재현불가능 #사이비과학

DDT는 카슨과 환경주의자들에 의해 퇴출되기 전까지 5억 명의 목숨을 구한 것으로 추정된다. DDT가 퇴출된 '덕분에' 특히 저개발 국가에서 말라리아가 되살아났다. 90퍼센트 이상 줄어들었던 말라리아 환자와 사망자는 금세 원상회복되었다.

사하라 이남 아프리카, 즉 튀니지, 알제리 등 지중해 연안 이슬람 국가들을 제외한 아프리카, 사자가 어슬렁거리고 기린이 뒷발질하는 바로 그 아프리카에서 10~30초에 한 명씩 아이들이 죽고 있다. 말라리아 때문이다. 아프리카에 사는 아이 20명 중 한 명이 말라리아로 죽고, 그보다 많은 아이들이 뇌 손상을 입는다는 통계도 있다.

〈세계보건기구 세계 말라리아 보고서 2011〉

사망자 – 65만 5,000명

사망자의 86% – 5세 이하

사망자의 91% – 아프리카

발병 건수의 81% – 아프리카

과학은 시시껄렁한 사실이 아니라 '과학적 사실'을 다룬다. 복수의 과학자가 동일한 사항을 조사했을 때 항상 동일한 결과가 나와야 '과학적 사실'이다.* 그래서 과학자들은 오해를 받으면서도 DDT에 관한 카슨의 주장을 점검했고 카슨의 주장 중 상당수가 '재현불가능'하다는 것을 증명했다. 이후 환경주의자들도 과학 증거들을 수용하기 시작했다. 너무 늦었지만 반성문도 올렸다.

> 실내에서 사용해도 안전한 살충제 10여 개를 실험한 결과, 가장 효과적인 것은 DDT였다. 실내에만 뿌린다면 다른 동물들에게는 무해하다.
> _2006년 세계보건기구

---

* 과학철학에선 이를 '재현가능 reproducible'이라 부른다.

다른 대안은 없고 DDT가 인명을 구한다면 기꺼이 DDT를 사용할 겁니다. _그린피스

물론 DDT가 말라리아 퇴치를 위한 최선책은 아니지만 아직까지는 최고의 살충제다. 집 안에서만 조금씩 사용한다면 생태계에 주는 악영향도 거의 없다. 남아공 일부 지역에서는 일 년에 한 차례 집 안쪽 벽에 DDT를 바르는 것만으로 말라리아가 거의 근절되었다.

카슨과 환경주의자들은 지구를 구했다. 하지만 그로 인해 수많은 사람들이 죽었다. 그들에겐 말라리아로 가족을 잃은 사람들의 눈물이 보이지 않았던 것일까. 아프리카의 한 여인의 말이다.

"내 몸속의 DDT가 모유로 아이에게 전달되는 것이 DDT의 가장 큰 문제라면 우리 아프리카 사람들은 덩실덩실 춤을 출 겁니다. 나는 말라리아로 아들과 딸을 그리고 형제자매를 잃었거든요."

059

말라리아가 죽인 사람들

#크롬웰 #강희제 #학질

다음 작품들의 공통점은 무엇일까?

《햄릿》,《오셀로》,《리어왕》,《맥베스》.

서양 문학사의 금자탑金字塔으로 꼽는 셰익스피어 4대 비극이다. 《리어왕》에서 리어왕은 외친다.

> 놈들은 내가 만능이라고 했지. 새빨간 거짓말이야. 나 역시 말라리아에 걸리는 사람일 뿐이라고.

셰익스피어 희곡 〈폭풍우〉에도 말라리아가 등장한다.

늘에서, 습지에서, 태양이 빨아들인 모든 독이란 독은 프로스퍼에게 떨어져, 한 치도 빠짐없이 말라리아에 걸리도록!

투탕카멘은 B.C.1333년부터 B.C.1324년까지 9년간 이집트를 통치하다 19세에 요절한 비운의 파라오다. 유전자 검사 결과 그는 말라리아에 걸려 세상을 떠났다고 2010년 2월 17일 미국 의학협회 학술지에 게재되었다.

알렉산더 대왕도 말라리아에 걸려 죽었다는 설이 있다. 신神도 말라리아를 막아주진 않았다. 지금과 달리 바티칸 주변은 늪지대가 많아 말라리아를 옮기는 모기가 살기 딱 좋았다. 그래서일까. 1048년 교황으로 뽑힌 다마소 2세는 즉위 23일 만에 말라리아로 죽는다. 우르바노 7세 역시 1590년에 교황이 된 지 한 주만에 사망했다.

1658년 말라리아가 올리버 크롬웰Oliver Cromwell을 쓰러뜨리지 않았더라면 영국 왕실은 없다. 빅토리아 여왕이 통치한 황금시대를 '빅토리아 시대(재위 1837~1901)'로 부를 수 없었을 것이며, 엘리자베스 2세(재위 1953~)가 최장수 통치자가 될 기회도 없었을 것이다.

크롬웰이 죽고 30년쯤 후인 1692년, 청나라 강희제(1661~1722)

도 이 병에 걸린다. 다행히 그는 프랑스 선교사가 인도에서 가져온 치료제를, 처음에는 의심했지만 이 많은 땅덩이를 남겨두고 죽을 순 없다는 탐심에서 억지로 먹었는데 금세 낫는다. 이후 강희제는 서양에 급 관심을 보인다. 학문과 기술을 받아들이고 중국 최초로 베이징에 가톨릭 성당도 짓게 한다.

우리나라에선 말라리아를 '학질'이라 불렀다. 하지만 우리나라 말라리아는 약한 버전이다. 시달림을 당하긴 하지만 죽는 경우는 드물다. 심하게 시달림을 당했을 때 '학을 뗀다'고 말하는데 이때 학이 바로 학질이다.

세계보건기구는 1984년 한국을 '말라리아–프리' 국가로 선언했다. 하지만 1993년 휴전선 부근에서 근무하던 군인이 말라리아에 걸린다. 학계는 답을 구할 수 없었다. 세계보건기구는 북한에서 1998년 2만 5,000명, 2001년 30만 명의 말라리아 환자가 발생했다고 추정했다. 따라서 말라리아 모기는 북한에서 월남했을 가능성이 높다. 물론 북한은 늘 하던 대로 무조건 부정했다. 이듬해인 1994년 20명, 1998년 3,932명으로 한국 환자가 늘어난다. 처음엔 군인만 걸렸지만 나중엔 민간인에게도 확산된다. 다행인건 한국에서 발생하는 말라리아는 열대 말라리아보다 약하다.

열대지방 버전은 독하다. 2010년 남아공 월드컵 당시, 국립 국악단원들이 아프리카에 한국을 알리러 갔는데 두 명의 여성 단원이 말라리아에 걸려 죽었다. 한국이라면 시달리고 말텐데 열대지방 버전에 걸리고 만 것이다.

　말라리아 열원충熱源蟲(말라리아 원충, 말라리아 기생충)은 모기의 몸에 기생하다 모기가 사람의 피를 빨기 위해 대롱을 피부에 꽂는 순간 사람 몸으로 들어간다. 이후 간과 적혈구에서 분열 증식하다 적혈구를 깨뜨리고 나오는데, 이 과정에서 열이 나고 땀이 난다. 적혈구를 깨뜨리기 때문에 빈혈도 발생한다.

　이렇게 말하니 감기랑 비슷해 보이는데 아니다. 하루 평균 5,000칼로리가 넘는 열량이 소모되기에 몸이 아픈 것은 둘째 치고 기력 소모가 심해 누워 있는 것 외에는 다른 일을 할 수가 없다. 육체는 물론 영혼도 함께 시달린다.

죽음에서 배운다

#시다림 #시신명상

삼장법사와 손오공의 최종 목적지인 고대 인도에 심각하게 으슥한 숲이 있었다. 으슥하니 가난한 사람들이 시체를 버리는 곳으로 이용했다. 깨진 유리창 법칙*을 따라 시체는 더 많은 시체를 부른다. 매장을 하지 않은 시체들이 썩어가니 당연히 무섭다. 근처만 가도 머리카락이 곤두선다. 그래서 숲 이름이 고대 인도어로 '시타바나Sitavana(서늘한 숲)'다. 이걸 뜻으로 풀면 '한림寒林(서늘한 숲)'이고 음으로 풀면 '시타림尸陀林' 또는 '시다림尸茶林'이다.

---

* 작은 무질서가 더 큰 혼란으로 이어진다는 이론.

시다림엔 시체가 끊이지 않았고 시체 썩는 냄새가 진동했으며 소멸하는 인간을 먹고 사는 벌레와 짐승이 들끓었다. 바이러스, 세균, 질병과 함께 공포가 가득한 곳, 맨 정신으론 아무도 가지 않는 곳. 인도 수행자들은 일부러 시다림에 들어갔다. 왜?

깨달음을 얻기 위해서.

시신이 썩어 흉측하게 변하는 모습을 보면서 몸, 삶, 탐욕의 무상함을 느낄 수 있다. 게다가 죽은 자의 의복을 취하면서 무소유 정신을 실천할 수도 있다. 석가모니 역시 이곳에 자주 왔다.

불교에선 신자가 죽으면 고인의 주검을 안치해 놓은 빈소에서 장례식 내내 설법이나 염불을 한다. 왜?

망자가 불법佛法을 깨달아 이 세상에 대한 집착을 버리고 극락왕생하도록 인도하기 위해서다. 기록상 최초는《삼국유사》의 원효다. 사복의 어머니가 죽자 원효가 사복과 장례를 치른다. 원효가 시체 앞에서 빈다.

"나지 말라, 죽는 것이 고통이니라. 죽지 말라, 나는 것이 고통이니라."

사복이 말한다.

"말이 너무 길다."

원효가 고쳐 말한다.

"사는 것도 죽는 것도 고통이니라."

요즘엔 버전이 다르다. 〈금강경〉이나 〈반야심경〉을 독송하고 아미타불이나 지장보살을 염송한다.

이렇게 죽은 사람을 위해 설법하고 염불하는 것을 '시다림', '시다림 법문'이라 한다. 지금도 상갓집에 가는 스님은 '시다림 간다'고 말한다. 3일 내내 시다림을 하느라 피곤해서 '시달린다'는 말이 탄생했다는 설이 있다.

인도 시타바나 숲에서 수행하는 스님이 온갖 질병과 잡귀들에게 고통 받는 상황을 '시달린다'라고 했다는 설도 있는데 아니다. 시타바나는 고대 인도어고 시달림은 우리나라 말이다. 인도 수행자들이 우리나라 말을 쓰지는 않았을 테니.

어쨌거나 시체를 보면서 수행하는 방법을 부정관不淨觀**이라 하는데 지금도 태국, 미얀마, 스리랑카 등지에는 남아 있다. 요즘엔 방치된 시체가 드물어 태국의 경우 의대에 가서 인체 해부를 견학하거나 미라를 이용하기도 한단다.

결론이다. 죽은 자가 산 자에게 주는 선물이 있다. 뭘까?

죽은 자의 일평생을 회고하게 해주고 살아있는 자신의 삶도 통째로 돌아볼 수 있게 해준다.

** 시신 명상corpse meditation. 석가모니 부처님은 특히 정욕과 탐욕이 많은 사람들에게 이 수행법을 권했다고 한다.

명문 와세다 대학교를 중퇴하고 장의사로 10년을 일했던 작가 아오키 신몬靑木新門의 말이다.***

> 날마다 시신만 바라보고 있노라면 시신이 조용하고 아름답게 보인다. 그에 반하여 죽음을 두려워하고 벌벌 떨면서 들여다보는 산 사람들의 추악함이 자꾸 신경에 거슬리게 된다.

*** 아오키 신몬, 《납관부 일기》, 조양욱 역, 문학세계사, 2009, 80쪽.

누가 더
추한가 2

#우리가이웃을대하는태도

기독교 성경 〈마태복음〉에 나오는 예수님 말씀이다.

누구든지 네 오른쪽 뺨을 치거든 왼편도 돌려 대며 또 너를 고발하여 속옷을 가지고자 하는 자에게 겉옷까지도 가지게 하라.

순서가 좀 이상하다. 겉옷을 뺏으려는 자에게 속옷까지 주어라가 더 자연스러운데.

사막은 덥다. 그리고 춥다. 사하라 사막의 11월 낮 기온은 40도가 훌쩍 넘지만 밤이 되면 10도 내외로 떨어진다. 미풍이라도 불면 체감온도는 더 낮다. 캘리포니아에 있는 데스밸리^{Death Valley}는 영상 57도와 영하 10도를 오간다. 그래서 '데스^{Death}'밸리다. 예수님이 활동하던 팔레스타인, 즉 중동의 밤도 데스밸리나 사하라만큼은 아니지만 추웠다.

당시 사람들에게 속옷은 옵션이었지만 겉옷은 필수품이었다. 겉옷을 입지 않으면 다음날 새벽을 보기 힘들 수 있었다.

겉옷까지 주라는 예수님의 말씀은 생명까지 줄 각오로 이웃을 사랑하라는 의미다.

다음 목록의 공통점은 무엇일까?

맥주가 반쯤 남아 있는 캔, 먹다 버린 과자 봉지, 곰팡이 범벅인 겨울 외투, 썩은 솜이불, 젖은 수영복, 각종 음식물 쓰레기….

대한민국 전역에 설치된 헌옷 수거함에서 나온 것들이다. 우리가 이웃을 대하는 태도다.

062

진실은
어렵다

#진실은어떻게왜곡되는가

1. 연평균 기온이 25도면 살기 좋은 곳일까?

20~30도 사이를 오가는 25도라면 천국이다. 미국 캘리포니아 데스밸리. 북아메리카에서 가장 건조하고 더운 사막이다. 기온 범위는 영하 10도에서 영상 57도. 완벽한 지옥이다. 하지만 연평균 기온은 25도다. 맥락 없이 수치나 자료를 다루면 진실이 왜곡될 수 있다.

2. 기독교 성경에 보면 다윗이 인구조사를 해서 여호와를 분노케 한다. 인구조사를 하도록 다윗의 마음을 부추긴 건 누굴까?

똑같은 사건을 두 군데서 언급한다.

> 여호와께서 다윗을 격동시켜 _〈사무엘하〉 24:1
>
> 사탄이 다윗을 충동하여 _〈역대상〉 21:1

성경의 오류일까?

아니다. 〈사무엘하〉와 〈역대상〉은 기록 목적이 다르다. '〈사무엘하〉는 다윗을 높이기 위해, 〈역대상〉은 그럴 필요가 없어서' 그랬다는 해석도 있다. 저자의 의도를 고려하지 않으면 진실이 보이지 않는다.

3. 금강산의 봉우리는 몇 개일까?

대부분은 1만 2,000개라고 한다. '금강산 찾아가자 1만 2,000봉, 볼수록 아름답고 신비하구나'라는 동요 가사가 무의식 수준으로 박혀 있기 때문에.

틀렸다. 히말라야도 아니고 강원도에 있는 산 하나의 봉우리가 1만 2,000개, 그것도 백 단위는 절삭해서 딱 떨어지는 1만 2,000개라니. 금강산을 직접 올라본 실학자 성호 이익의 말이다.

> 나도 일찍이 이 산을 유람한 적이 있는데, 봉우리가 아무리 많다고 하더라도 어찌 1만 2,000개에 이르겠는가?

왜 우리는 1만 2,000개라고 알고 있을까? 불교 신자들은 눈치 챘을 것이다. 〈화엄경〉에 나온다.

> 동북쪽 바다 가운데 금강산이 있는데, 담무갈보살이 12,000 보살과 더불어 항상 반야를 설법했다.

보살의 숫자가 봉우리 숫자로 둔갑했다. 누군지는 모르지만 금강산의 위상을 높이기 위해 불교 스토리를 차용한 것이다. 사람들은 목적을 위해 진실을 왜곡하기도 한다.*

---

* 1798년 여름, 정조가 문신 심환지에게 비밀 편지를 보낸다. '금강산 1만 2,000봉을 직접 보러 간다니 도대체 무슨 복이냐? 정말 부럽다.'

063

미국에서
가장 더운 곳

#데스밸리 #푄현상

미국에서 유일하게 활화산을 품고 있는 산맥은 어디일까?

캘리포니아 동부에 있는 시에라네바다 산맥이다. 폭 60~130km에 길이만 700km다. 이 산맥을 넘을 수 있는 10여 개의 주요 도로가 있는데, 그중 가장 낮은 곳의 최고 고도가 1,600m다.*

미국에서 가장 덥고 건조한 지역은 어디일까?

캘리포니아의 데스밸리다. 시에라네바다 산맥 남부와 라스베

---

* 한라산을 넘는 도로(지방도 1139호선. 일명 1100도로)의 최고 고도는 1,100m다. 한라산 등반 코스 중 하나인 영실 매표소는 1,280m인데 자동차 출입이 가능하다.

이거스 사이에 있다. 휴전선과 비슷한 220km의 길이에 폭은 6~25km로 전체 면적은 제주도의 일곱 배다.

　잠시 과학으로 넘어가자.

　바다에서 육지로 부는 바람은 습기를 머금어 당연히 습하다. 얘들이 높고 큰 산을 만나면 멈춰 설, 리는 없고 그냥 산을 타고 오른다. 그러다 어느 높이가 되면 습기는 비가 되어 내리고 바람은 건조해진다. 이 바람은 고도를 100미터 올릴 때마다 0.5도씩 온도가 떨어진다. 정상에 도착한 건조한 바람은 산의 반대쪽으로 내려가는데, 고도가 100미터 내려갈 때마다 온도는 1도씩 올라간다. 이런 걸 '푄 현상'이라고 하는데 높새바람이 같은 원리다.

　간단히 말하자. 습한 바람이 큰 산을 넘으면 건조한 바람으로 변하는데 온도는 산을 넘기 전보다 훨씬 높다. 더 간단히 하자. 산에서 덥고 건조한 바람이 분다는 것이다. 이는 농작물에 피해를 준다. 여러모로 짜증난다는 말이다.**

　데스밸리에서도 똑같은 일이 벌어진다. 태평양에서 습기를 가득 품고 날아온 공기는 시에라네바다 산맥 서편을 거슬러 오르면서 많은 비를 뿌려대는데, 최후의 한 방울까지 다 짜낸 후 건조한 상태로 정상에 이르게 된다. 이후 이 바싹 마른 공기는 산맥의

** 늦은 봄에서 초여름에 태백산맥 서쪽과 한라산 북쪽에서 벌어지는 일이다.

동쪽 비탈을 타고 아래로 내려가는데 더 많이 내려갈수록(지표면에 가까워질수록) 더 뜨거운 바람이 된다.

사태를 악화시키는 것은 데스밸리가 해수면보다 낮은 곳에 위치해 있다는 점이다. 제일 낮은 곳은 해수면보다 86m나 낮아 미국에서 가장 낮은 것은 물론 서반구西半球에서도 가장 고도가 낮다. 사태를 더 악화시키는 것은 시에라네바다 산맥의 휘트니 산이다. 4,418m로 알래스카를 제외하곤 미국에서 제일 높은 산이다. 산이 높아 한 번, 계곡이 깊어 두 번, 푄 현상이 강해진다. 데스밸리엔 계속 고온건조한 바람이 불고 비마저 거의 내리지 않는다.

북위 36~37도로 우리나라 중부 지방 정도에 해당하는 위도지만 연평균 기온이 섭씨 30도가 넘고 여름철 온도는 46도까지 올라간다. 1913년 7월엔 56.7도를 기록하기도 했다. 말하자면 북아메리카에서 가장 덥고 가장 건조한 지역이라는 것이다.

그래서 데스밸리다.

064

캘리포니아를 키운 건 중국인이다

#수터콤비 #캘리포니아의탄생

캘리포니아가 철도로 미국 중부와 연결된 것은 1869년의 일이다. 물론 자동차는 그 후에 등장했다. 튼튼한 두 발이나 말의 힘에 의존해야 했던 시절, 캘리포니아로 들어가는 것은 무척 어려웠다.

거액의 빚을 남기고 스위스를 탈출한 독일인 요한 아우구스트 수터(1803~1880)는 뉴욕을 거쳐 1839년에 사람이 없는 곳을 찾다 당시 멕시코 영토였던 캘리포니아에 정착한다.

수터는 멕시코 총독을 살살 꼬드겨 아메리칸 강과 새크라멘토 강이 만나는 곳에 넓은 땅을 확보하는데 오늘날의 새크라멘토다.

이주민을 위해 땅도 분양하고 집도 지어 팔던 수터는 목수 마셜과 힘을 합쳐 제재소를 세웠다. 열심히 나무를 손질해 돈을 벌려는 순간, 뜬금없이 강바닥에서 금을 발견한다. 모두 합쳐 50g이나.

9일 뒤인 1848년 2월 2일, '과달루페−이달고 조약'을 통해 캘리포니아 소유권이 멕시코에서 미국으로 넘어간다. 캘리포니아에서 금이 발견되었다는 사실을 캘리포니아를 넘겨준 멕시코도, 캘리포니아를 넘겨받은 미국도 알지 못했다. 수터 콤비 역시 자신들의 발견이 미국 역사에 끼칠 영향력을 알지 못했다.

캘리포니아에 흩어져 살던 미국인들이 순식간에 수터 부동산 주변으로 몰려들었다. 그 다음은 동부에 사는 미국인들 차례. 하지만 미국인들의 서부 개척은 그때까지만 해도 한 농가에서 다음 농가로, 한 마을에서 다음 마을로 조금씩 이동하는 수준이었다. 가족 단위 이주자들이었고 봄에 뿌린 씨를 가을에 거둬들여야 하는 농업 개척자들이었기 때문이다.

사실 빨리 간다고 해도 빠를 수 없는 거리였다. 미국 동부 대서양 해안에서 서부 태평양 해안까지의 거리는 대략 4,000km. 사막지대와 험준한 산맥을 고려하면 마차로 6개월 거리다. 그래서 서부의 끝 캘리포니아에서 금이 발견되었을 때, 농업 개척자들은 여전히 미국 대륙의 중간까지도 진출하지 못했다.

당시 미국 동부에서 서부로 가던 대부분의 사람들이 이용한 것은 뱃길이었다. 동부 해안을 떠나 남아메리카 최남단 혼 곶을 돌아 캘리포니아로 갔는데, 이 방법으로도 6개월이나 걸렸다. 대략 20,000km.

그래서 수터와 마셜이 금을 발견했다는 소식은 미국 동부보다 멕시코, 페루, 칠레, 하와이, 타히티 등에 먼저 퍼졌다. 그 다음은 먼 외국 순서. 인도 사람들도 몰려 왔지만 가장 많은 외국인은 단연 중국인이었다.

여기서 의문이 든다. 중국인이 캘리포니아에 오려면 태평양을 건너야 한다.

맞다. 그래서 좋은 조건이다. 태평양은 미국 서부로 가는 장애물이 아니라 고속도로였다. 당시 쾌속 범선으로 30일이면 태평양을 횡단할 수 있었으니 미국 동부에서 오는 것보다 (육로든 해로든) 훨씬 좋은 조건이었다.

1850년 무렵에만 4만 명의 광동 출신 중국인들이 캘리포니아에 정착했고, 1860년대 중국인들은 캘리포니아에서 가장 강력한 민족 집단이 된다. 1860년 이래 캘리포니아 인구의 10퍼센트를 차지했던 중국인들은 빈 땅이나 다름없던 캘리포니아를 오늘의 모습으로 건설하는 데 지대한 공을 세운 셈이다.

골드러시의
시작

#포티나이너 #마크트웨인

포크 미국 대통령이 1848년 12월 초 의회에 보내는 연두교서에서 캘리포니아의 '풍부한 금'에 대해 언급하자 이듬해인 1849년부터 동부 미국인들도 본격적으로 캘리포니아로 달려간다. 외국인, 미국인 할 것 없이 골드러시^{gold rush}가 시작되었다는 말이다. 그래서 당시 금을 좇아 캘리포니아로 달려온 사람들을 '포티나이너^{forty-niner}'라 불렀다.*

---

* 현재 샌프란시스코 미식축구팀 이름이 '샌프란시스코 포티나이너스'다. 캘리포니아 금광 지역을 남북으로 관통하는 길은 당연히 '49번 도로'다.

수터 부동산을 중심으로 거대한 광맥이 폭넓게 펼쳐져 있었기 때문에 강바닥을 긁거나, 바위를 들추거나, 구멍을 파 들어가면 금은 나왔다. 아무런 기술과 자본이 없어도 하루 종일 노동을 견딜 수만 있으면 3~4개월의 노력으로 어지간한 중산층 1년 수입을 얻을 수 있었기에 포티나이너들은 꾸준히 몰려들었다.

다음은 캘리포니아의 인구 변화다.

1840년 약 2만 명

1848년 약 3만 명

1849년 약 5만 명

1850년 약 17만 명

1880년 약 90만 명

기막힌 성공 사례도 있다. 가난한 교사 코로넬은 며칠 동안 캐낸 금으로 4년 후 로스앤젤레스 시장이 되었고, 곧이어 캘리포니아 주州 재무장관이 된다. 아일랜드에서 온 노동자 설리번은 혼자서 지금 가치로 수백억 원에 달하는 금을 캐냈고 나중에 하이버니언 은행을 설립한다. 유대계 독일인 리바이 스트라우스 역시 골드러시에 동참했다. 그는 포티나이너들에게 천막용 캔버스천으로 만든 값싸고 튼튼하며 때도 잘 타지 않는 작업용 바지를 만들어 팔았고 초대박을 터트린다. 그 유명한 리바이스 청바지

이야기다.**

사람들이 몰리면 의식주 관련 산업이 성장하고 이들 산업을 받쳐 주는 산업 역시 속속 생겨난다. 물고 물리는 선순환이다. 땅속에서 솟아난 부富는 깡촌에 불과하던 캘리포니아에 크고 작은 투자를 불러일으켰다.

1861년 남북전쟁 역시 캘리포니아의 성장을 방해하진 못했다. 캘리포니아는 전장과 멀리 떨어져 있어 전쟁의 영향을 별로 받지 않았다. 전쟁 물자를 공급함으로써 기왕既往의 성장에 더 큰 성장을 추가할 수 있었다.

캘리포니아를 발견하고 캘리포니아를 개발함으로써 미국은 미국 대륙을 완성했고 중국에 맞먹는 내수 시장을 갖게 된다.

** 새뮤얼 클레멘스 역시 일확천금을 노리고 골드러시에 합류했으나 실패한다. 이후 그는 위대한 소설가로 변신하는데 필명이 마크 트웨인이다.

캘리포니아의
스펙

#제2의골드러시 #GDP세계5위

1847년 미국에서 채굴된 금은 1.2톤에 불과했는데 포티나이너들이 1849년 한 해에 캐낸 금이 55톤이다. 이들이 1860년까지 채굴한 금은 1700년부터 1848년까지 전 세계에서 채굴한 금보다 많았다.*

캘리포니아에서 공급하는 금 덕분에 세계 경제는 오랜 디플레이션을 벗어났다. 전 세계 교역량이 세 배 가까이 늘면서 교역 열

---

* 옛 자료가 그렇듯이, 한 해가 아니라 1849년부터 10년 간 캔 금이 이 정도였다는 기록도 있다. 어쨌건 핵심은 엄청나게 금을 캤다는 것이다.

풍이 불었다. 아직도 캘리포니아에선 금이 생산되고 있지만 이제 캘리포니아는 금에만 의존하지 않는다.

밀, 감귤류, 감귤통조림, 석유, 자동차, 양배추, 할리우드 영화, 항공기, 군수 산업, 대륙간 탄도미사일, 마이크로프로세서, 컴퓨터, 인터넷.

지난 150년간 캘리포니아에서 제2, 제3의 골드러시를 불러일으킨 종목들이다. 상당수는 앞으로도 계속, 상당히 오랫동안 캘리포니아의 금맥으로 자리할 것이 확실하다. 구글, 페이스북, 애플, 인텔, 이베이, 트위터, 샌디스크, 오라클 등 시대를 선도하는 IT 기업들 역시 캘리포니아 차세대 금맥이다. 이런 다양한 금맥들을 품고 있는 캘리포니아의 미국 내 위치다.

인구 – 1위 (2019년 3,992만 명)

넓이 – 알래스카와 텍사스에 이어 3위 (대한민국의 4배)

농업 생산 – 1위 (농경지는 미국 전체의 8퍼센트에 불과함)

통조림 – 1위 (미국 통조림 채소의 절반 생산)

목축 소득 – 아이오와에 이어 2위

어획량 – 알래스카에 이어 2위

항공우주, IT 등 첨단 산업 – 1위

석유 생산량 – 텍사스, 루이지애나에 이어 3위

1인당 소득 – 최상위권

대학 – 170여 개로 2위

물류 – 중남미와 아시아로 연결되는 항공로의 중심

영화 – 할리우드

테마파크 – 디즈니랜드

IT 단지 – 실리콘밸리

캘리포니아 주 하나만으로도 GDP가 세계 5위쯤 되고 경제력은 7~10위권이다. 대충 우리나라와 비슷하다.

캘리포니아는 미국의 힘이었고, 힘이며, 갈수록 커질 힘이다.

067

우리에겐
낯선 나라

#세계최고의땅부자 #러시아

어떤 희한한 나라에 대한 설명이다. 어딜까?

이 나라 사람들은 정이 많다.

- 자신들은 풀떼기를 먹을지언정 개한테는 꼭 고기를 먹인다. 개가 엘리베이터에 오줌을 싸면 화내기는커녕 귀엽다고 꺅 꺅댄다.
- 나라가 거의 망해 급식 빵으로 연명할 때도 공원에서 새들 에게 빵조각을 나눠주는 사람들이 많았다.

이 나라 사람들은 예술을 사랑한다.

– 나치와 한창 전쟁 중일 때도 〈쇼스타코비치 7번 교향곡〉 연주회엔 사람들이 몰렸다.

– 볼쇼이 발레단 공연을 보기 위해 월급을 조금씩 떼어 몇 년간 모았다는 청소부의 이야기가 그다지 희한한 일이 아니다.

– '세계 3대~' 등급을 매기는 거 촌스럽지만 이 나라가 보유한 '에르미타주 박물관'은 달리 표현할 방법이 없다. 대영 박물관, 프랑스 루브르와 함께 세계 3대 박물관이다.

이 나라는 동네북이었다.

– 1240년부터 240년간 몽골의 지배를 받았다.

– 1605년 폴란드가 쳐들어왔다.

– 1708년 스웨덴이 쳐들어왔다.

– 1812년 프랑스가 쳐들어왔다. 그 유명한 나폴레옹이 직접 쳐들어왔다.

– 1854년 영국, 프랑스, 투르크가 쳐들어왔다. 이때 영국의 나이팅게일이 간호학의 엄마로 등극한다.

– 1914년 독일이 쳐들어왔다.

– 1941년 독일이 또 쳐들어왔다.

심지어 우리나라한테도 밟혔다. 1650년대 청의 요청으로 조선 효종이 보낸 총기병들과 만주에서 전투를 벌여 두 번이나 혼쭐이 났다. 하지만 부동산 재벌이다. 땅덩이가 동서로 9,000km, 남북으로 2,500~4,000km다. 영토가 미국이나 중국의 두 배이며 한국의 170배쯤 된다. 명왕성 표면적과 비슷할 정도다.[*]

매정하지만 피자를 한 판만 시켜 8등분하자. 이걸 전 세계 모든 국가가 나눠 먹는다면 어떤 일이 벌어질까? 미국과 중국이 절반씩 먹는다는 답이 나올 것 같아 다시 묻는다. 국토 비율대로 나눠 먹는다면?

이 나라가 당당히 한 조각을 차지한다. 미국, 중국, 캐나다, 호주, 브라질이 합쳐 두 조각을 먹을 수 있고, 나머지 다섯 조각으로 200여 나라가 잔치를 벌이면 된다. 우리나라 몫은 토핑 부스러기 정도.

세계 최고의 땅 부자, 러시아 이야기다.

---

* 2015년 이전까진 근소한 차이로 러시아 땅이 명왕성보다 더 넓었다. 지구에서 관측한 추정치로 계산했기 때문이다. 2006년에 발사된 미국 무인탐사선 뉴호라이즌호가 2015년 7월 14일 명왕성을 스치듯 통과하면서 명왕성의 정확한 지름을 구했는데 이전 추정치보다 80km 정도 더 길었다. 당연히 표면적도 늘어나 지금은 명왕성이 러시아보다 넓다. 굳이 비교하자면 러시아에 한반도 세 개 정도를 합치면 명왕성 표면적과 얼추 비슷하다.

068

땅 부자의
기억력

#필리핀은미국땅이었다

땅이 하도 많아 예전에 소유했던 사실까지도 잊어야 진정한 땅
부자다.

러시아는 1700년대 말에 현재 미국과 캐나다 땅 일부를 소유
했었다. 알래스카 주, 브리티시컬럼비아 주, 워싱턴 주, 오리건
주, 캘리포니아 주 북쪽에 정착지와 요새를 건설했다. 오늘날 미
국도 모르고, 캐나다도 모르고, 주인이었던 러시아도 잘 모르는
사실이다. 이 정도는 되어야 땅 부자다.

우리에겐 친숙한 장군인 더글러스 맥아더Douglas MacArthur(1880~
1964)가 죽기 3년 전, 팔십 넘은 몸을 추슬러 필리핀으로 인생 마

068

땅 부자의 기억력

#필리핀은미국땅이었다

땅이 하도 많아 예전에 소유했던 사실까지도 잊어야 진정한 땅 부자다.

러시아는 1700년대 말에 현재 미국과 캐나다 땅 일부를 소유했었다. 알래스카 주, 브리티시컬럼비아 주, 워싱턴 주, 오리건 주, 캘리포니아 주 북쪽에 정착지와 요새를 건설했다. 오늘날 미국도 모르고, 캐나다도 모르고, 주인이었던 러시아도 잘 모르는 사실이다. 이 정도는 되어야 땅 부자다.

우리에겐 친숙한 장군인 더글러스 맥아더Douglas MacArthur(1880~1964)가 죽기 3년 전, 팔십 넘은 몸을 추슬러 필리핀으로 인생 마

지막 여행을 떠난다. 필라델피아도 아니고 왜 필리핀이었을까?

맥아더에게 필리핀은 제2의 고향이었다. 1903년 웨스트포인트 육사를 수석으로 졸업한 맥아더가 처음 복무한 곳이 필리핀이다. 그의 아버지 아서 맥아더는 1900년 필리핀 총독이었고 제2차 세계대전이 끝날 때까지 맥아더는 여러 차례 필리핀에서 군 생활을 이어갔다.

도대체 미국과 필리핀이 무슨 관계길래?

1500년대 중반부터 1898년까지 스페인은 무려 300년 이상 필리핀을 지배했다. 미국과 연합한 필리핀 독립군이 거의 승리할 때쯤 스페인은 필리핀을 미국에 날름 팔아버린다. '백인에게는 기꺼이 항복하겠지만 유색인종에게는 어림도 없다'는 이유로. 매매가는 2,000만 달러였다.

그래서 1899년부터 1946년까지 필리핀은 미국 땅이었다. 태평양 전쟁(제2차 세계대전의 일부) 때 일본이 필리핀을 4년 정도 점령한 것을 빼놓고는.

이런 디테일들, 요즘 미국인들은 알고 있을까? 이 글을 쓰면서 유펜(펜실베니아 대학교) 출신의 미국인에게 물어봤다.

"필리핀이 너네 땅이었다는 거 알아?"

캐나다인 부인과 함께 눈만 껌뻑거렸다. 뭐, 사정은 우리도 비슷하다. 제주 서귀포 월드컵 경기장 앞에 이마트가 있고 길을 건

너면 어마하게 큰, 딱 봐도 비싸 보이는 4층짜리 상가 건물이 있다. 특이하게 3, 4층엔 제주세무서 서귀포 지서가 있다.

4대강은 '황하강, 인더스강, 나일강, 티그리스–유프라테스강'이라는 우리의 수십 년 고정관념을 단박에 깨뜨려주신 전직 대통령이 차명借名으로 소유한 건물이라고 언론이 지적했다. 옆에 있는 M 햄버거 건물과 S 커피 건물이 들어선 땅도 이분과 관련이 있다는 언론 보도가 있었다.*

과연 이분도 땅 부자일까?

---

*   언론 보도들을 종합했다. JTBC(2018년 1월 18일자), 〈일요신문〉(2018년 3월 1일자), 〈헤드라인 제주〉(2018년 3월 6일자).

069

우리 돈
떼먹은 부자

#불곰사업 #1조5천억의선물

냉전 시대를 거친 50대 이상 한국인에게 소련은, 그 후손인 러시아는 여전히 위압감을 준다. 그래서일까. 러시아는 1991년 한국에서 빌린 14억 7,000만 달러(당시 가치로 1조 5,000억 원)의 차관 중 상당액을 아직도 갚지 않고 있다.

대충 이런 스토리다.

한국: 채무자님, 이제 돈을 좀 갚으시는 게 어떨까요?

러시아: 뭔 돈? 아 그거. 꼭 받아야 해?

한국: …

러시아: 알았어, 알았어, 줄게. 우리 형편이 좀 어려우니까 일단 일부만 줄게. 현금 200억, 알루미늄 100억 원 어치. OK?

한국: 그래도 원금에 한참 모자라는데요?

러시아: 돈은 더 없고 그냥 헬기, 전차, 장갑차, 대공미사일, 뭐 이런 걸로 2,000억 어치 골라 가져가. 아, 판매가는 정가에서 두 배쯤 올렸어.

이젠 아는 사람도 거의 없는 '불곰사업'이다. 러시아는 아직도 원금을 다 갚지 않고 있다. 세계 3대 산유국임에도 불구하고. 그런데도 우리는 채무자를 압박할 수 없다. 채권 추심은커녕 돈 받으러 갔다가 있는 돈마저 뺏길 것 같은 위압감 때문에 냉전을 살아보지 않은 세대가 이 나라의 주도권을 잡으면 '용감히' 받아낼 수 있을 듯하다.*

러시아는 언제부터 강국이었을까?

서로마제국이 멸망하는 A.D.5세기를 서양 고대의 끝이자 중세의 시작으로 본다. 대충 이즈음에 슬라브족도 셋으로 갈라져

---

* 소련은 미국 돈도 장기간 갚지 않았다. 제2차 세계대전 당시 소련 경제는 독일의 공격으로 거의 붕괴 상태였다. 미국은 1941년 6월부터 전쟁이 끝나는 1945년 중반까지 화물선 90척, 1만 대 이상의 전차 등 군수품을 보급했다. 스탈린이 '미국은 기계의 나라. 무기대여법으로 제공된 기계가 없었더라면 우리는 전쟁에서 졌을 것이다'라고 말할 정도. 소련은 금, 망간, 크롬 등으로 값을 대신했고 1972년에야 채무 결제를 마쳤다. 일부는 탕감 받았다. 못된 버릇은 여든 살까지 간다.

정착한다.

  서슬라브족 – 폴란드, 체코, 슬로바키아
  남슬라브족 – 세르비아, 크로아티아, 슬로베니아, 불가리아
  동슬라브족 – 러시아

  동슬라브족의 하나인 루시 족. 루시 강 근처에 살아서 루시 다.** 9세기 후반 루시 족이 근처 고만고만한 부족들을 흡수하며 '키예프 공국🏰'을 세우는데 러시아 최초의 국가다. '키예프 루 시'라고도 부른다. 눈치 챘겠지만 루시라서 러시아다.
  13세기 몽골의 지배를 거치면서 키예프 공국은 망하고 몽골의 비위를 잘 맞췄던 모스크바 공국만 살아남아 15세기 이후 덩치 를 키운다. 이제 얘를 그냥 러시아라 보면 된다.
  물론 지금의 러시아와 많이 다르다. '러시아 놈들은 우리 허락 없이 발트 해에 발가락 하나 넣지 못하게 만들겠다'고 호언했던 스웨덴***의 말이 그대로 이루어질 정도로 러시아는 약했다. 17 세기까지는 그랬다.

** 러시아 학자들의 상당수는 루시가 노르만족, 즉 바이킹의 일부였다고 믿는다.
*** 스웨덴은 '스위스 - 스웨덴 - 덴마크'로 연결되는 끝말잇기의 고정 연결고리 정도로 인식되 지만 17세기 스웨덴은 노르웨이, 핀란드, 독일 북부, 러시아 일부를 소유한 강국이었다. 볼보, H&M, 이케아도 모두 스웨덴 기업이다.

여기서 질문! 도대체 우리가 소련에 1조 원 넘게 빌려준 이유는 뭘까?

"외국 나오면 한국으로 돌아가기 싫다."

외국을 순방 중이던 당시 한국 대통령이 수행 기자들에게 한 말이다. 공산국가들과의 관계를 획기적으로 개선해 국내 통치엔 무능하다는 평가를 상쇄하고 싶어서였을까?

그의 별명이다.

'내치內治엔 등신, 외치外治엔 귀신'.

그런데 정말 외치엔 귀신이었을까?

070

생윤
공무원

#칸트 #쾨니히스베르크 #우리은하

국경을 맞댄 이웃이 가장 많은 나라는 어딜까?

사이즈 문제는 대개 그렇듯 중국이 14개로 1위다. 12개로 2위였던 러시아(당시는 소련)는 제2차 세계대전 때 독일로부터 '쾨니히스베르크'를 빼앗아 '칼리닌그라드'로 이름을 세탁한 후 지금까지 소유하고 있는데, 얘가 폴란드와 리투아니아 사이에 끼어 있어 러시아 역시 14개 나라와 접해 있다. 즉, 중국과 러시아가 공동 1위다.*

다음은 쾨니히스베르크**가 독일 땅이었을 때 배출한 인물에 대한 정보다. 누굴까?

- 고등학교 철학, 윤리, 사상엔 반드시 이 사람이 등장한다.
- 수능 사회 '생활과 윤리' 과목에선 이 사람과 관련된 내용이 하도 많아 별명이 '생윤 공무원', '생윤 좀비'다.
- 평생 독신으로 살았다.
- 매일 똑같은 시간에 산책해 동네 사람들이 그를 보고 시계를 맞췄다.

독일 철학자 칸트다.

서양철학 5대 천왕: 플라톤, 아리스토텔레스, 데카르트, 헤겔, 칸트

서양철학 2대 천왕: 플라톤, 칸트

지존을 뽑을 땐 근소한 차이로 칸트가 당선된다는 게 서울대 철학과 김상환 교수의 말이다.*** 그는 서양 철학의 다양한 물줄

---

* 　중국: 북한, 몽골, 베트남, 라오스, 미얀마, 부탄, 네팔, 인도, 파키스탄, 아프가니스탄, 타지키스탄, 키르기스스탄, 카자흐스탄, 러시아.
　　러시아: 북한, 몽골, 중국, 카자흐스탄, 그루지아(조지아), 우크라이나, 벨라루스, 아제르바이잔, 에스토니아, 라트비아, 핀란드, 노르웨이, 폴란드, 리투아니아.
** 　정작 칼리닌그라드는 러시아와 떨어져 있다.
*** 칸트 저작들은 선택받은 사람만 읽을 수 있고 선택받은 사람들만 이해할 수 있다. 본 필자는 선택받지 못했다. 그나마 쉬운 칸트 입문서를 소개한다. 김상환, 《왜 칸트인가》, 21세기북스, 2019.

기가 칸트에게로 흘러들어가 합쳐진 뒤, 다시 칸트에게서 수십 갈래가 흘러나왔다고 말한 바 있다.

칸트는 뛰어난 천문학자이기도 했다. 지구가 속해 있는 은하의 이름은 '우리은하'다. 태양과 같은 별들이 2,000억~4,000억 개쯤 있는 것으로 추정된다. 공 모양의 중심부 양쪽에서 뻗어 나온 두 개의 나선팔이 서로 반대방향으로 휘어진 막대나선은하****다.

우리은하는 달걀 하나를 동글납작하게 프라이한 후 정중앙에 삶은 메추리알을 하나 박아 넣은 모습이라고 봐도 된다. 지구는 달걀 흰자의 중간쯤에 있다. 북두칠성을 구성하는 일곱 개 별들의 지구까지의 거리는 제각각(국자 끝부터 124, 79, 84, 81, 81, 78, 200 광년)이지만 우리 눈엔 나란히 줄 서 있는 것처럼 보인다. 우리 은하의 별들 역시 멀거나 가깝거나 결국엔 우리 시력의 한계 때문에 마치 지구를 360도 감싼 띠처럼 보인다. 그게 은하수다.

지금도 아는 사람이 거의 없는 은하수에 대한 정확한 설명을, 칸트는 무려 1700년대 중반에 발표했다. 우리나라에선 영조와

**** 이전까진 '나선은하'로 분류했지만 2005년 스피처 우주 망원경의 400시간에 걸친 관찰 이후 '막대'가 추가된다. 주위에 굴러다니는 그런 막대가 아니다. 길이가 3만 광년 가까운 거대한 막대다.

사도세자가 한창 갈등을 쌓아가고 있던 바로 그 무렵이다.*****

다시 칸트의 주업인 철학으로 가자.

앎으로서의 철학과 활동으로서의 철학을 구별하라.

명사인 '철학(지식)'에 그치면 안 되고 '철학하기(생각하기)'라는 동사까지 나아가야 진정한 철학이라는 말이다. 아인슈타인과 함께 20세기 최대 물리학자로 꼽히는 리처드 파인만^{Richard Feynman}도 결이 다르긴 하지만 비슷한 말을 했다(실제로는 그의 아버지가 한 말이다).

나는 매우 일찍 깨달았다. 어떤 것의 이름을 안다는 것과 그것이 무엇인지 안다는 것의 차이를.

생각 없는 지식은 공허하고 지식 없는 생각은 맹목이다.******

***** 갈릴레이는 은하수가 별들의 빽빽한 모임이라는 것을 망원경으로 발견했다. 1600년대 초, 즉 임진왜란 직후의 일이다. 우리은하의 가장 정확한 모습을 보려면 구글에서 '2mass covers the sky'를 검색하면 된다. 위에서 바라본 우리은하의 모습은 위키백과에서 '우리은하'를 검색할 것.

****** 칸트가 《순수이성비판》에서 한 말을 차용했다. 원문은 이렇다. '직관 없는 개념은 공허하고 개념 없는 직관은 맹목이다'.

세상에서
제일 큰 맹지

#지구온난화 #북위50도

한강 조망권이 4D 버전으로 제공되는 한남동 100평 아파트라도 위층에서 쿵쿵거리고 아래층 담배 연기가 그대로 올라온다면 지옥이다. 원수는 항상 옆에, 요즘엔 위아래에 산다. 게다가 그 원수에게 원수는 나일 수도 있는 게 인간사다. 러시아와 14개 이웃 역시 비슷하다.

　서 – '러시아 놈들은 발트 해에 발가락 하나 넣지 못하게 만들겠다'는 무시무시한 스웨덴과 서쪽 국경을 맞댄 적도 있었다.
　남 – 남쪽 이웃인 중국과 중앙아시아 역시 만만치 않다. 게다가 이들 나라를 통과해도 또 다른 나라가 버티고 있어 교통로를 열기가 쉽지 않다.

동 – 태평양과 연결되는 동쪽엔 국경이 없지만 러시아 중심부에서 거의 6,000km를 가야 한다.

북 – 북쪽은 열렸지만 거긴 죄다 겨울왕국인 북극이다.

그래서 러시아의 한 지리학자는 이렇게 말했다.

"국경은 한 번도 우리 편이었던 적이 없다."

동서남북이 꽉 막힌 셈이니 러시아 땅은 맹지라고 보면 된다. 세상에서 제일 큰 맹지. 게다가 땅들이 대부분 북위 50도 이상에 위치해 춥다. 북극에서 내려오는 찬 공기를 막아줄 큰 산맥이 없어 더 춥다. 우랄 산맥*이라는 어마어마한 병풍이 있긴 하지만 얘는 밉상스럽게 남북으로 뻗어있다. 그 결과 영토 대부분이 냉대기후에 속하고, 그중 10퍼센트는 1년 내내 얼음이 녹지 않는 영구 동토다. 세상에서 제일 크고 제일 추운 맹지다.** 그래서 지구

---

* 길이 2,000km, 너비 200~300km, 평균 높이 1km. 남북 방향으로 뻗어 있어 북극에서 하강하는 찬 공기를 막기 힘들다.

** 자세한 내용은 다음 책을 참고할 것. 하름 데 블레이, 《분노의 지리학》, 유나영 역, 천지인, 2007.

온난화가 러시아에겐 기회다. 날씨가 따뜻해지면 농사 가능 지역이 늘어나고 거주지도 늘어난다. 북극 근처는 물론 주민이 거의 없는 동쪽 시베리아도 살뜰히 이용할 수 있다. 만약 북극 얼음이 싹 녹으면 북서항로***를 비롯해 많은 바닷길이 새로 생긴다. 맹지에 큰 도로가 여럿 생겨 금싸라기 비슷하게 된다는 말이다.

지구 온난화로 인한 해수면 상승 역시 러시아로선 기회다. 러시아 주요 도시는 대부분 해발고도가 높은 내륙에 위치하고 있기 때문에 높아진 바닷물이 뉴욕, 도쿄, 서울, 상하이, 런던 등 세계 주요 도시들을 머리끝까지 삼킬 때, 상트페테르부르크**** 정도만 내주면 피해는 끝이다. 다른 경쟁 국가들의 손익에 비해 손해는 미미하고 이익은 엄청나다.*****

남극 빙하 평균 두께 - 2,160m
북극 얼음 평균 두께 - 4m

그래서 나오는 러시아의 계산, 얼음이 딱 4m만 녹으면 좋겠다. 과연 그럴까?

*** 유럽에서 베링 해를 통과해 태평양으로 나가는 항로.
**** 부산처럼 바다에 접한 러시아 제2의 도시. 러시아 북서부에 위치해 핀란드와 가깝다.
***** 현재 해발 10m 미만 지역에 사는 사람이 10억 명, 1m 미만은 2억 5,000만 명 정도다.

결국 다
죽는다

#북극과남극빙하의차이

'기후변화에 관한 정부 간 협의체 ^{IPCC}'가 2007년에 발표한 지난 150년 간 변화량이다.

대기 중 이산화탄소 농도 – 1.5배 증가*

대기 중 메탄 농도 – 6배 증가

---

* 대기 중 이산화탄소 농도를 처음 측정한 것은 1958년 하와이 마우나로아 산 정상이었다. 이후 과학자들은 그린란드와 남극 빙하를 3km 이상 뚫어 빙하 코어를 확보했고, 이를 통해 지난 50만 년 동안 대기 중 온실기체 양을 파악할 수 있었다. 이론적으로는 100만 년 전까지 가능하다.

지구 평균기온 – 0.75도 상승

해수면 – 22cm 이상 상승

이 정도는 뭐, 견딜 수 있다. 문제는 다가올 내일이다. 빙하 평균 두께가 2,160m인 남극 얼음이 모두 녹으면 해수면은 어느 정도 상승할까?

70m는 너끈히 상승한다. 이 정도면 지구는 파국이라 오히려 현실감이 없다. 그래서 패스.

평균 두께 4m인 북극 얼음이 녹으면?

해수면은 까딱없다. 남극 빙하는 로스 빙붕을 제외하곤 대부분 대륙 위에 얹힌 얼음이라 녹아서 물이 되어 바다로 흘러가면 당연히 수위를 높인다. 하지만 북극 얼음은 원래 바다 위에 떠 있는 상태라 녹아도 해수면이 높아지지 않는다. 얼음의 부피가 이미 물에 반영되어 있기 때문이다. 사놓고 방치한 아이스 아메리카노의 얼음이 녹아도 컵이 넘치지 않는 원리와 같다.

문제는 다른 곳에 있다. 북극 얼음은 하릴없이 둥둥 바다에 떠 있는 게 아니라 햇빛을 우주로 반사하는 중요한 일을 하고 있다. 지구가 과하게 열 받지 않도록 한다는 말이다. 따라서 북극 얼음이 사라지면 온난화가 가속되어 남극 빙하까지 녹인다.

문제는 더 있다. 북극권의 영구 동토엔 동식물의 사체와 잔해가 어마어마하게 매장되어 있다. 일종의 냉동고인 셈이다. 온난화로 영구 동토가 녹으면 얼어있던 동식물의 사체와 잔해가 부패하면서 엄청난 온실가스(이산화탄소, 메탄, 아산화질소)가 공기 중으로 방출된다. 이 온실가스는 지구 온난화를 가속시켜 두꺼운 남극 얼음까지 녹인다.**

해류와 바람을 통한 전 지구적 열 분배 시스템 때문에 남극 빙하가 죄다 녹는 일이 발생할 확률은 0.001퍼센트도 안 된다. 하지만 남극 빙하가 절반만 녹아도, 절반의 절반의 절반만 녹아도 전 세계 모든 나라는 파국이다. 둘 중 하나.

① 물에 잠겨 죽는다.
② 물에 잠기지는 않아도 굶어 죽는다. 전 지구적 식량 공급 사슬이 붕괴되어서.

러시아, 지금이라도 정신 차리고 온난화 대책에 적극 나서기를 바란다.

** 지구 전체의 영구 동토층은 러시아 면적과 비슷한 1,900만 제곱킬로미터다. 사실 영구 동토는 1980년대 이후 서서히 녹고 있다.

073

유럽의
왕따

#블라디미르 #종교쇼핑

9세기 블라디미르 대공 시절 러시아는 어느 정도 나라꼴을 갖춘다. 하지만 주변 유럽 나라들이 상대를 안 해준다. 말도 안 건다.

왜? 대부분 기독교를 믿게 된 유럽과 달리 러시아는 여전히 바위의 신을 믿고 천둥 신을 경배했다. 게다가 광적으로 술을 좋아한다.

'저 놈들은 야만적이고 이교도인 데다 주정뱅이들이야. 상대할 가치가 없어.'

서러웠던 블라디미르. 지금이야 수소폭탄으로 지중해의 여름을 핵겨울로 바꿔버리거나 가스 수출 밸브를 잠궈 유럽인의 겨울을 파국으로 몰아넣을 수 있지만 당시에는 할 수 있는 게 없었다. 그래서 결심한다. 남 탓 말고 우리가 바뀌자. 야만인의 굴레를 벗어나기 위해 고등 종교로 눈을 돌린 블라디미르는 종교 쇼핑에 나선다.

이슬람교?

다 좋은데 금주禁酒잖아. 탈락.

유대교?

나라도 없이 떠돌면서. 패스.

로마 가톨릭(기독교)은 교황이 너무 세잖아.

아웃.

경쟁자들이 실패하는 모습을 본 비잔틴 가톨릭(동방정교, 즉 기독교)은 전략을 잘 다듬는다. 내세來世, 즉 죽음 이후의 문제를 건드렸다.

"왕인 당신도 죽을 것이고, 죽음 이후엔 심판이 있습니다. 신神 앞에 홀로 서서 그의 질문에 답해야 할 것입니다."

이 말에 살짝 쫄은 블라디미르는 동방정교를 택한다. 세례를 받고 비잔틴 제국 황제의 여동생 안나와 결혼했으며 모든 백성들에게 기독교로의 개종을 명한다. 당연히 반대가 있었다. 특히 주술사나 점술사 등. 블라디미르는 어떻게 했을까?

다 죽였다. 소련과 러시아의 무자비함이 여기서 유래한 게 아닐까 생각이 든다. 어쨌거나 러시아는 유럽과 소통할 수 있는 연결고리를 확보했고 유럽 문화를 받아들여 발전하게 된다.

074

독주를
사랑하는 나라

#고르바초프가대선에서떨어진이유

블라디미르 대공이 종교를 고를 때 1순위는 단연 이슬람교였다.
무슬림(이슬람교인)은 창시자 무함마드가 632년 죽은 후 100년 만
에 땅 부자가 된다. 당시로선 세계에서 가장 넓은 땅을 보유했다.

– 중동*전체 접수.

– 아르메니아와 아제르바이잔 접수. 러시아와 이웃함.

– 중앙아시아**대부분 접수. 중국과 이웃이 됨.

---

*   시리아, 이스라엘, 이란, 이라크, 사우디, 예멘 등.

– 인더스 강 유역인 펀자브 지역도 접수. 인도와는 친한 이웃
  이 됨.
– 북아프리카***도 차곡차곡 접수.
– 대서양과 지중해의 경계인 지브롤터 해협을 건너 포르투갈
  과 스페인 접수.
– 유럽 전체 석권을 시도했지만 카롤루스 마르텔****에 깨짐.

  7세기 이슬람은 세계 4대 문명 중 중국을 제외한 3개 문명을
지배한다. 알렉산더 대왕 이후 처음으로 그리고 아마 마지막으
로 이 지역들이 하나로 통합된다. '팍스 로마나 Pax Romana'의 대를
잇는 '팍스 이슬라미카 Pax Islamica'의 위엄이다.

  사우디에 위치한 조그만 도시 두 개(메카, 메디나)에서 시작한
이슬람이 세계 최고 건물주가 되는 과정에 감명 받은 블라디미
르 대공. 당연히 이슬람을 선택하고 싶었지만 할 수 없었다. 음주
를 금지하는 이슬람의 율법 때문이다.

  러시아인들은 예나 지금이나 세계 최고의 알콜 친화형 인간들
이다. 미국의 고질병이 총기 사고라면 러시아는 단연 음주 사고

**   아프가니스탄, 파키스탄, 우즈베키스탄, 사마르칸트 등.
***   이집트, 리비아, 튀니지, 알제리, 모로코.
****   프랑크 왕국의 사실상 최고 권력자. 732년 투르-푸아티에 전투에서 이슬람군을 격파해 서
         유럽을 지킨다. 독일에선 칼 마르텔, 프랑스에선 샤를 마르텔로 부른다.

다. 나라꼴이 이래선 안 되겠다 싶었던 소련 최고 권력자 고르바 초프는 1985년에 술 생산을 제한하고 판매 시간도 줄이는 금주령을 실시한다. 결과는?

고르바초프는 자국 소련과 동유럽 공산주의를 무너뜨려 인류를 핵전쟁 위협에서 벗어나게 했으며 노벨 평화상까지 수상했다. 하지만 상당수 러시아인들은 아직도 그를 미워한다. 소련을 해체해 2등 국가로 전락시켰다는 이유도 있지만 더 큰 이유는 금주령이다. 1996년 고르바초프는 러시아 대통령에 출마했지만 금주령을 내린 고르바초프는 러시아 대통령 자격이 없다는 국민들에 의해 낙마한다.

애주가들의 나라 러시아가 사랑하는 술 보드카는 1430년경 모스크바 크렘린 안에 있는 추도프 수도원의 이시도르라는 수도 승이 발명했다는 설이 있고 스페인 마요르카에서 발명되어 이탈리아를 거쳐 러시아에 수입되었다는 주장도 있다. 어쨌거나 사제들도 식사에 반주를 빠뜨리지 않을 정도로 술을 좋아하는 러시아.***** 자백에 가까운, 그러나 멋진 말도 있다.

'러시아인은 슬플 때 보드카를 마시지 않는다. 색다른 일을 기대할 때 마신다. 중력에 사로잡힌 영혼의 자유로운 유영遊泳을 바라며.'

***** 바실리 페로프가 그린 〈수도원의 식사〉를 볼 것.

끝말잇기
끝판왕

#보드카의도수 #멘델레예프

1870년이 되자 러시아엔 보드카 공장만 4,000개가 난립한다. 정부는 보드카의 품질과 유통을 감독하기 위해 '기술위원회'를 만드는데 여기에 그 유명한 주기율표의 아버지 멘델레예프^{Dmitri Mendeleev}가 참여한다. 멘델레예프는 이전에 보드카 연구로 박사 학위를 받기도 했다.*

논문에서 멘델레예프는 술이 술술 넘어가는 최상의 알코올 함량을 40퍼센트라 주장했다. 지금도 보드카의 도수가 40도를 고

---

* '물과 알코올의 결합에 대하여'가 논문 제목이다.

수하는 이유다. 하지만 2000년대 중반 새로운 자료들이 발견되었는데 애초 그의 생각은 38도였단다. 세금 매길 때 끝자리 수 계산이 쉽도록 40으로 맞춘 것이다.

웃기는 건 대형마트에서 쉽게 볼 수 있는 보드카 '앱솔루트'는 스웨덴 산이다. '너희들은 우리 허락 없이 발트해에 발가락 하나 담굴 수 없다'고 협박하던 바로 그 스웨덴이다. 명성이 자자한 '스미르노프'는 적대국 미국에서 만든다.

보드카는 물을 가리키는 '보다^{voda}'에서 유래했다. 물처럼 삶에 필수적이라는 뜻일 게다. 보드카에 얽힌 러시아 속담이다.

'오늘 마실 수 있는 술을 내일로 미루지 말라.'

'보드카는 청소년의 적이지만 청소년은 적을 두려워하지 않는다.'

'보드카는 두 종류밖에 없다. 좋은 것, 더 좋은 것.'

한 가지 재미있는 건 멘델레예프 자신은 보드카를 마시지 않았다. 와인을 즐겼다. 만약 '시베리아에서 태어난 14남매의 막내'로 살았다면 보드카를 좋아할 수도 있었다. 맹모^{孟母}의 통찰력**을 지닌 엄마 덕분에 어린 나이에 상트페테르부르크로 이주했고 독일 유학까지 마친 그는 노벨상 급의 화학자로 성장했다.

죽기 전 해인 1906년 노벨 화학상 후보로 선정됐지만 수상하지는 못했다. 한 표차로 떨어졌다는 설이 있다. 과학계는 주기율표의 101번째 원소에 그의 이름을 붙임으로써 공적을 기렸다.

　다음은 척 보면 이름의 유래를 알 수 있는 원소들이다.[***]

96번 퀴륨[Cm, curium]

99번 아인슈타이늄[Es, einsteinium]

101번 멘델레븀[Md, mendelevium]

102번 노벨륨[No, nobelium]

111번 뢴트게늄[Rg, roentgenium]

112번 코페르니슘[Cn, copernicium]

국가나 도시 이름을 따기도 한다.

87번 프랑슘[Fr, francium]

98번 캘리포늄[Cf, californium]

115번 모스코븀[Mc moscovium]

아홉 개만 외워두면 끝말잇기의 최강자가 될 수 있다.

테트리스 궁전은
누가 지었을까?

#이반그로즈니 #연산군 #광해군

'평범한' 청소년의 뇌에 관해서 우리가 아는 것은 많이 없다. 뇌 관련 연구비의 상당액은 아동 발달, 학습 장애, 알츠하이머 등에 투입되기 때문이다. 갱년기로 괴로운 중년 남녀의 뇌만큼이나 청소년의 뇌도 소외된 분야다. 그러다보니 '청소년의 뇌'는 온갖 통념들로, 심지어 과학자의 입에서 나온 비과학적 진술로 범벅된다.

- 10대가 감정에 휘둘리고 충동적인 것은 전적으로 '호르몬' 때문이다.

- 10대의 뇌는 회복력이 좋아 과음을 해서 손상이 와도 '원상
  회복'된다.
- 10대 때 지능과 소질은 평생 그대로 '유지'된다.

  최신 뇌과학이 죄다 틀렸다고 밝혀낸 속설들이다. 청소년의
뇌는 성장 중인 뇌다. 굳이 수치로 따지자면 80퍼센트 정도. 그
래서 성능은 경이롭지만 판단력은 떨어진다. 뇌에 회백질은 풍
부하지만 백질이 부족해서 그렇다.

  뇌가 성장 중인 청소년기에 습득한 자극과 정보는 뇌의 작동
방식을 결정하고 이 결정은 평생 지속된다. 하나마나한 소리지
만 환경이 중요하다는 말이다. 이 나이에 음란, 폭력, 저질 영상
을 보는 것이 어른보다 몇 곱절 위험한 이유다.

  청소년의 뇌는 가족의 죽음 같은 '상실'에도 약하다. 어떤 상실
은 무의식에 파고들어 아무도 모르게 곪는다. 어떤 상실은 시간
이 한참 흐른 후 갑자기, 파괴적으로 분출해 뇌를 지배한다. 또
다른 상실은 의식과 무의식 사이를 맥락 없이 오가기도 한다.

  청소년기의 상실을 가장 흐뭇하게 극복한 케이스가 정조라면
반대편엔 러시아 이반 4세(1530~1584)가 있다. 동유럽에 한반도
의 열 배에 달하는 땅을 확보한 엄청난 아버지 이반 3세가 세 살
때 죽자, 실권을 장악한 귀족들은 섭정 중이던 어머니를 5년 후
독살한다. 이후 왕위에 오르는 열일곱 살 때까지 귀족들은 이반

4세의 정신과 육체를 학대하고, 죽이는 것 빼곤 다 했다. 이반 4세는 어떤 캐릭터로 자랐을까?

치세 전반기는 한 줄에 열거하기 힘들 정도로 업적이 많다. 딱 정조 캐릭터로 보면 된다. 그래도 우리 관심사와 가장 가까운 것을 하나 고른다면 모스크바 붉은 광장에 서 있는 러시아를 상징하는 '성 바실리 성당'의 건립이다. 테트리스 게임에 배경으로 나와 '테트리스 궁전'이라 부르기도 한다.*

신앙도 좋았다. '우리 주 예수 그리스도의 도움과 성모 마리아의 기도와 대천사 미카엘의 힘을 빌려' 몽골 잔존 세력을 쫓아내고 볼가강에서 우랄 산맥에 이르는 널찍한 영토도 확보했다.

1560년 부인이 사망하면서 이반 4세는 '연산군 + 광해군' 캐릭터로 돌변한다. 어릴 때 겪은 치명적 상실(부모의 사망)이 무의식 어딘가에서 곪아가다 현재의 상실(아내의 죽음)과 뒤섞여 분출한다. 어떻게?

명령을 어기면 죽이고, 의심스러우면 죽이고, 맘에 안 들어도 죽였다. 나중엔 친아들도 때려 죽였다.** 그래서 별명이 '이반 그로즈니(공포, 잔혹)'다. 영어는 'Ivan The terrible'로 밋밋하게 옮

---

* 테트리스 게임의 흥겨운 배경음악은 러시아 민요다.
** 구글 이미지 검색을 통해 일리아 레핀의 〈이반 뇌제와 그의 아들 이반〉을 볼 것.

겼는데 일본이 맛깔나게 번역했다. 이반 뇌제雷帝***.

뭐, 씁쓸하기는 하지만 권력을 쥔 귀족들을 다 때려죽이니 자연스럽게 중앙집권, 절대왕정이 이루어졌다. 강대국으로 도약할 수 있는 발판이 마련된 것이다.

*** 도교에서 천둥을 관장하는 신.

077

번역은
반역이다

#사랑의기술 #면벌부

《자유로부터의 도피》로 유명한 독일 사회심리학자 에리히 프롬 Erich Pinchas Fromm(1900~1980)이 1956년에 쓴《The Art of Loving》. 이제는 고전 반열에 올라선 책이다.

이 책 제목을 어떻게 번역할까? 아무리 생각해도 '사랑의 예술'이 맞다. 그렇게 번역한 책도 실제 있었다. '예술적인 사랑'을 갈망하던 젊은이들이 덜컥 구입했다가 10페이지도 읽기 전에 집어던지던 책.

번역이 틀렸다. 에리히 프롬은 책에서 이렇게 말한다.

사랑은 단순한 감정이 아니다. 사랑은 하나의 □□이다. 사랑을 잘하기 위해선 연습도 해야 한다. 사랑은 창조적 □□이기 때문이다.

네모 안에 공통으로 들어가는 단어는 '기술'이다. 그래서 이 책의 제대로 된 제목은 '사랑의 기술'이다.

고대 그리스의 의사 히포크라테스(B.C.400년경 활동)에게도 비슷한 사례가 적용된다.

'인생은 짧고 예술은 길다.'

히포크라테스 총서叢書에 등장하는 구절이다.

이 역시 적합하지 않은 번역이다. 원어인 그리스어 'τεχνη(테크네)'를 영어 'art'로 번역했고, 원어에 대한 고려 없이 'art'만 보고 '예술'로 번역했기 때문이다.

그리스어로 된 원본의 맥락을 따진다면 '인생은 짧고 의학 기술(의술)은 길다'로 번역해야 옳다. 오늘날 우리가 사용하는 의미로서의 '예술'이라는 개념은 르네상스 시대에 와서야 탄생한다. 이런 번역의 오류가 벌어지는 이유는 간단하게 생각했던 'art'에 11개 이상의 뜻이 담겨 있기 때문이다.

미술, 미술품, 미술 과목, 회화, 예술, 예술 행위, 예술 작품, 삽화, 도판, 기술, 직업.

11개 중 하나를 선택해 'art'를 번역해야 한다. 원어原語에 부합하는 우리말 단어를 선택하는 것은 전적으로 번역자의 역량에 달린 일이다. 쉬운 작업이 아니다.

번역자가 개념을 제대로 이해하지 못해 이상한 번역이 나오기도 한다. 중·고등학교 사회 교과서에 등장하는 '면벌부免罰符'가 대표적 사례다. 이제 교정이 되었지만 한동안 대한민국 학생들은 '면벌부' 대신 '면죄부免罪符'라 배웠다. 30대 이상에게 물어보면 대부분 이렇게 반응한다.

"면벌부? 면죄부 아냐?"

중세 로마 가톨릭이 발급했던 면벌부는 인간의 '죄' 자체를 용서해주는 것이 아니라 죄의 결과로 받게 될 '벌'을 줄이거나 면제해주는 물건이었다. 따라서 면죄부가 아니라 면벌부가 바른 번역이다.

죄와 벌은 전혀 다른 개념이다. '죄를 용서하는 것'과 '벌을 면제하는 것', 차원이 다른 문제다.*

---

* 면죄부에 대한 거의 완벽하지만 꼰대스럽지 않은 설명을 원한다면 다음 책을 추천한다. 신광은, 《천하무적 아르뱅주의》, 포이에마, 2014, 32~63쪽.

078

시베리아의
스펙

#대항해시대 #나선정벌

서양사에선 15~16세기를 '대항해시대'라 거창하게 부른다. 우
리도 그렇게 배웠고 우리 아이들도 그렇게 배우고 있다. 하지만
그 시대는 '아메리카, 아프리카, 아시아'를 식민지로 만드는 작
업이 착착 진행되던 시대다. 당한 우리는 다르게 번역해야 한다.

　대-착취-시대.

　어쨌건 유럽은 식민지에 꽂은 빨대에서 솟구치는 달콤한 이권
에 희희낙락했다. 사촌이 땅을 사도 배가 아픈 법인데 이웃들이

매일 땅을 넓히니 러시아는 소화불량이 궤양으로 번진다. 암으로 발전하기 전에 뭐라도 하자.

하지만 식민지를 가질 수가 없다. 다른 세계로 진출할 수 있는 단 세 개, 세 방향의 항로가 꽉 막혀 있었기 때문이다. 서쪽 항로인 발트해는 당시로선 강국이던 스웨덴과 폴란드가 틀어쥐고 있었다. 남쪽 흑해는 무시무시한 오스만 제국이 막았다. 북극해는 뭐, 있으나 마나한 바다다.

그래서 선택한 자구책自救策은 국경 역할을 하던 우랄 산맥을 넘어 동쪽, 시베리아로 전진하는 것이었다.

일단 시베리아의 스펙을 살펴보자.

– 유럽과 아시아의 경계인 우랄 산맥에서 아시아 동쪽 끝인 축치 반도까지의 땅덩어리.
– 가로 6,000km, 세로는 2,500~4,000km 정도.
– 오늘날 러시아 면적의 75퍼센트를 차지한다.
– 아시아의 3분의 1이다.
– 중국, 미국, 호주보다 넓다.
– 이 넓은 땅에 원주민은 달랑 10~20만 명이다. 1989년에도 인구는 3,200만, 원주민은 160만 명이었다.

1582년 우랄 산맥 동쪽 시비르 칸국*을 정복하면서 시작된 러시아의 시베리아 공략은 1649년 북태평양 연안**에 도착함으로써 '태평양으로 나가는 항구 획득'이라는 국가 과제를 달성한다. 65년간 매년 한 해도 빠짐없이 한반도 한 개 넓이를 차지한 어마어마한 속도다. 남은 건 극동이라 불리는 시베리아의 동쪽 끝 부분. 4,500km를 왔지만 아직도 1,500km를 더 가야 한다.***

1650년 즈음 러시아는 남동쪽으로 눈을 돌려 흑룡강(아무르강) 유역까지 진출한다. 이들이 약탈, 방화, 살육을 자행하자 현지 주민들이 청에 도움을 간청한다. 그러자 비겁한 청나라는 병자호란 때 맺은 조약을 근거로 조선 소총수의 출동을 강권한다. 효종은 1654년 변급이 지휘하는 150명, 1658년엔 신유가 이끄는 262명의 소총수를 파견했는데 이게 국사책에 나오는 '나선정벌'이다.

청은 러시아와의 분쟁을 원치 않아서 1689년 흑룡강을 경계로 국경을 확정하는 네르친스크 조약을 맺고 러시아가 북쪽에서 무슨 짓을 하건 방관한다. 그나마 러시아의 시베리아 제패를 막을 유일한 나라가 손을 뗀 셈이다.

1800년이 되기 전 러시아는 극동 지역까지 차지함으로써 시

베리아를 완전하게 소유한다. 모피, 수산물, 삼림자원, 광물자원 등 어마어마한 재산이 러시아의 국고로 들어간다. 동아시아 국가들과의 무역도 성장한다. 여기에 표토르 대제(재위 1682~1725)라는 뛰어난 지도자도 보유한다.

　무슨 말일까?

　드디어 강대국이 되었다는 것이다.

돈은 거의
모든 것을
가능하게 한다

#흑담비멸종 #캄차카반도

시베리아의 위도는 북유럽이나 캐나다와 비슷하다. 하지만 유라시아 대륙의 일부라 캐나다 기후보다 훨씬 극단적이다. 시베리아 대부분에서 겨울 평균 기온은 영하 30~40도 사이. 베르호얀스크나 오미야콘 같은 북동쪽 동네는 71도까지 내려가기도 한다. 군데군데 사람이 살기 적당한 곳도 있지만 대부분의 땅은 우리가 생각하는 바로 그 시베리아다.

겨울엔 잠시 서 있기도 힘든 땅을, 게다가 비현실적으로 넓은 땅을 어떻게 그렇게 빠른 속도로 점령할 수 있었을까? 늘 그렇듯 돈이다.

거지 비슷했던 10세기 때부터 러시아의 최대 수출품은 모피였다. 유럽은 물론 중동 국가도 고객 리스트에 있었다. 중동은 사막이니 그렇다 치더라도 유럽에선 왜 모피가 필요했을까?

모피도 서열이 있다. 일반 담비, 흑여우, 흑담비 순으로 가격이 높아진다. 유럽도 처음엔 자체 조달이 가능했다. 벌목으로 숲이 사라지고 마구잡이 사냥으로 동물의 개체수가 줄자 모피를 구하기 힘들어졌다. 다람쥐와 족제비 등 모피 축에도 들지 않는 동물들까지 사냥했다. 반면 러시아는 타이가 숲이 무성했기에 모피 동물도 풍부했다. 최고의 모피는 단연 흑담비였다. 털은 부드럽고 색은 중후해 유럽 여인들의 워너비 아이템이었는데 르네상스시대가 열리자 흑담비 수요는 폭증한다.*

하지만 흑담비 공급처는 러시아뿐이었다. 모피 공급망에 뛰어든 북아메리카도 흑담비는 공급할 수 없었다. 수요는 폭증하는데 공급은 달리니 당연히 가격은 폭발한다. 가격이 가장 높았을 때는 흑담비 몇 마리만 잡아도 평생 놀고먹을 수 있었다.

다시 한 번 가자. 흑담비 몇 마리만 잡아 팔면 평생 놀고먹을 수 있었다.

맞다. 모피러시. 골드러시의 러시아 버전이다. 평생을 보장받

---

* 19세기 러시아 화가 이반 크람스코이가 그린 〈미지의 여인〉을 검색해볼 것. 여인이 입은 외투가 흑담비 모피다.

을 수 있다면 영하 40도에서도 일할 수 있는 게 우리 인간들이다.

우랄 산맥 서쪽, 즉 러시아의 유럽 부분에서 흑담비를 비롯한 밍크, 여우, 수달, 다람쥐 등 모피 동물이 사라지자 모피 사냥꾼들은 우랄 산맥을 넘어 시베리아로 갔다. 서식지를 발견하면 씨를 말렸다. 멸종을 막기 위해 몇 마리를 살려둔다는 생각 따위는 하지 않았다. 그렇게 모피를 따라 사냥꾼들은 동쪽으로 동쪽으로 갔다.

17세기 말 극동을 제외한 시베리아 전역에서 흑담비가 멸종한다. 스웨덴과의 전쟁으로 목돈이 필요했던 표토르 대제는 시베리아 군 지휘관들에게 새로운 모피 서식지를 발견하라고 명령한다. 이들이 1700년대 초 캄차카 반도를 접수함으로써 오늘날까지 이어지는 일본과의 영토 분쟁 씨앗을 뿌린다. 게다가 중국도 모피를 원하게 된다. 무슨 말일까?

러시아는 모피를 구하러 더 동쪽으로 가야 했다. 이미 극동인데? 아시아 동쪽 끝까지 왔잖아?

알래스카로 가야지 뭐. 길만 있다면.

캘리포니아는
러시아의
땅이었다

#베링해협 #알래스카 #로스요새

시베리아와 알래스카, 즉 아시아 동쪽 끝과 아메리카 서쪽 끝은 베링 해협을 사이에 두고 80km쯤 떨어져 있다. 18세기 서양인들은 몰랐다. 거의 정확한 세계지도가 있었지만 베링 해 주변은 미지의 공간이었다.*

  만약 시베리아와 알래스카가 바다로 갈라져 있다면 모스크바에서 북극해를 거쳐 일본과 중국으로 가는 최단 항로를 개설할

---

* 네덜란드 탐험가 빌렘 바렌츠가 1594년부터 1597년까지 북극해를 통과해 아시아로 가는 항로를 개척하려 했지만 세 번 다 실패했다. 그를 기리기 위해 노르웨이 북쪽과 러시아 북서쪽에 위치한 북극해의 일부를 '바렌츠 해'라 부른다.

수 있다. 만약 붙어 있다면 아메리카까지 영토를 수월하게 확장할 수 있다. 어떤 경우든 표토르 대제와 러시아에겐 기분 좋은 선택지였다.

늘 그렇듯 시작은 소박했다. 1719년 달랑 두 명의 측량사를 시베리아 동쪽 끝으로 보낸다. 결과는? 실패다.

1725년 1월 죽음을 앞둔 표토르 대제는 대규모 탐험대를 꾸린다. 책임자는 러시아 함대에서 장교로 근무하던 덴마크 선장 비투스 베링^{Vitus Bering}**이었다.

페테르부르크를 출발한 베링 탐험대는 2년간 시베리아를 관통해서 오호츠크 시, 즉 북태평양 연안에 도착한다. 거기서 배를 만들어 오호츠크 해를 건너 캄차카 반도에 상륙한다.

반도라며? 배 만들 시간에 도보로 가면 되잖아?

안 된다. 오호츠크 시에서 캄차카 반도까지 3,000km다. 배로 가면 1,000km.

캄차카 반도에 도착한 베링 탐험대는 두 번째 배를 만들어 시베리아 해안 동북쪽을 항해한다. 이들은 유라시아 대륙 동쪽 끝인 축치 반도를 지나면서(즉 베링 해협을 지나면서) 북극해로 들어갔지만 짙은 안개로 아메리카 대륙에는 상륙하지 못하고 1728년 9월 캄차카로 복귀한다.***

** 당시 러시아 정부는 덴마크나 스웨덴 사람들에게 시베리아 탐험대를 맡기곤 했다.

1741년 러시아는 베링에게 두 번째 탐험대를 맡긴다. 베링 탐험대는 지금은 미국 영토인 알류산 열도를 발견하고 알래스카 해안 탐험에 성공한다. 알래스카 만으로 깊숙이 들어가 카약 Kayak(앵커리지에서 비행기로 1시간 거리) 섬에도 상륙한다. 알래스카 거의 동쪽 끝, 캐나다 본토 지척까지 진출한 것이다.

탐험대는 캄차카로 돌아오는 길에 험한 역풍을 만나 고생하고 베링은 캄차카 부근의 무인도 코퍼 Copper에서 12월 8일 괴혈병으로 죽는다.

베링이 바닷길을 뚫자 사냥꾼들이 몰려든다. 일단은 코퍼 섬, 이단은 알류산 열도.

알류산 열도는 150개 이상의 섬들이 2,000km에 걸쳐 늘어서 있는 제도諸島로 이곳에 2만 명 정도의 알류트족이 살았다. 러시아 사냥꾼들은 섬에 상륙하자마자 알류트족 남자들을 죽였다. 그냥 죽였다. 그러다 이들을 해달 사냥에 이용하면 되겠다는 생각이 들자 덜 죽였다. 하지만 해달이 죽어나갔다. 중국 상류층은 해달 모피를 참 좋아했다.

해달이 줄어들자 러시아인들은 더 동쪽으로 이동해 1763년 카

*** 이곳은 차가운 바다 위로 덜 차갑고 습기 많은 남서풍이 불어 안개가 발생한다. 1년 중 최대 3분의 1은 안개가 시야를 가린다.

약 섬에 상륙한다. 베링의 뱃길을 차곡차곡 따라간 셈이다. 이 섬과 바로 옆 본토 알래스카엔 에스키모와 케나이 인디언이 거주하고 있었다. 러시아인들은 원주민과의 전투에서 알류트족을 앞세운다.

1781년 카약 섬, 어포그낵 섬, 알래스카 등에 러시아인 정주지가 형성된다. 알래스카에 세운 15개의 철판에 글씨를 새겼다.

'이곳은 러시아 땅이다.'

이후 러시아는 브리티시컬럼비아 주(캐나다), 워싱턴 주(미국), 오리건 주(미국), 캘리포니아 주(미국) 북부까지 진출해 무역기지이자 요새인 상관商館을 수십 개나 세운다. 19세기 초의 일이다. 그 중 하나인 '포트 로스Fort Ross(로스 요새)'는 샌프란시스코에서 바다를 따라 80km쯤 북쪽으로 올라가면 나온다. 지금도 있다.

장물 거래

#수어드의바보짓 #은마아파트50채

북아메리카까지 세력을 넓히자 러시아의 꿈은 커진다. 다음 중 실제로 일어난 일은?

1. 북아메리카 상관들을 확대해 아메리카 지배를 강화한다.
2. 북아메리카 상관들을 기반으로 하와이까지 점령한다.
3. 하와이에 군사 기지를 만들어 태평양을 장악한다.
4. 아시아 시장을 장악한다.

모든 문제에 답이 있을 거라는 생각은 편견이다. 계획은 했지만 이루어진 건 하나도 없다.

북아메리카 점령지. 시작은 좋았다. 농사도 잘 되고 모피도 풍부해 많은 러시아인들이 아메리카로 이주했다. 오래가진 못했다. 모피 동물은 금방 줄어들었고 전염병이 돌자 정착민들은 죄다 본국으로 돌아갔다.

모스크바와 너무 멀어 관리가 힘드니 러시아 정부도 고민이었다. 그래서 1842년, 러시아는 상관들을 남겨두고 알래스카로 철수한다. 하지만 알래스카도 사정은 비슷해진다. 접근성은 떨어지고 식량 공급은 어려운, 소유할수록 부담스러운 식민지였다.

1850년쯤 러시아의 마음은 알래스카에서 떠난다. 아시아 진출을 위해 시베리아에 집중하기로 한다. 알래스카 부동산은 그냥 장기 보유 모드. 그런데 1861년 농노제 폐지 후 상황이 변한다. 2,300만 농민과 농노 들에게 분배할 토지를 지주들에게서 구입했는데 그 자금을 로스차일드 은행에서 빌렸던 것이다. 지금이나 옛날이나 은행은 독하다. 대한민국 돈은 떼먹어도* 은행 부채는 갚아야 한다.

대한민국 어떤 대통령 같은 호구가 없던 러시아는 알래스카를 팔기로 하고 영국과 미국에 의사를 타진한다. 당시 전 세계 국력 순위 랭킹 1위를 찍고 있던 영국은 무관심했다. 무력으로 알래스

---

* 236쪽 '불곰사업' 참조.

카를 정복하려 했다는 설도 있다. 그러자 러시아는 미국에 집중한다. 미국 여론이 부정적이자 14만 4,000달러를 정치인과 기자들에게 뿌린다. 이중 3만 달러는 〈데일리 모닝 크로니컬〉에 바쳤다. 기레기는 미국에도 많았나 보다.

그래서일까. 상원의원을 역임했던 미국 국무장관 수어드는 1867년, 아이스박스 하나를 비싸게 샀다며 '수어드의 바보짓 Seward's folly'이란 소리를 들으면서도 거래를 성사시킨다. 동기야 어쨌든 미국으로선 훌륭한 거래였다. 텍사스의 2.5배, 한국의 17배에 달하는 땅을 720만 달러(요즘 시세로 1억 달러)라는 저렴한 가격에 샀으니.** 게다가 14만 4,000달러, 즉 매각대금의 2퍼센트는 뇌물로 어쨌거나 페이백 한 셈이니 이래저래 이익이다. 게다가 로스 요새는 사은품으로 받았다.

러시아도 이익이다. 공짜로 획득해 100년 가까이 단물 쏙쏙 빼먹고 공돈까지 챙겼으니.

그럼 서로 윈-윈 하는 아름다운 거래였을까?

알래스카는 빈 땅이 아니었다. 러시아인들에게 살해당하고 수탈당하고 쫓겨난 수많은 원주민의 보금자리였다.

** 22년 후 미국이 스페인으로부터 필리핀을 구입하는 데 지불한 돈이 그 세 배인 2,000만 달러였다. 어지간한 강남 아파트 50채를 합치면 1억 달러다. 대치동 은마아파트 한 동 정도면 알래스카를 살 수 있었다.

남성보다
더한
여성 정치인

#페일린 #극우정치인

다음 설명의 주인공은 누구일까?

- 여성 정치인이다.
- 언론 인터뷰에서 질문을 제대로 이해하지 못하고 엉뚱한 답을 했다.
- 이후 가급적 보고 읽는 인터뷰만 추진했다.
- 철자를 종종 틀린다.
- 주요 인사들의 이름을 못 외워 보좌진이 스트레스를 받았다.
- 대통령 후보 유세 중 한 달에 의상비로 2억 원 가량 쓰고 경

비로 처리했다.

- 확실한 비리 혐의에도 결백을 주장한다.
- 극우로 분류된다.
- 콘텐츠는 전혀 없는데 이상하게 대중을 사로잡는다.
- 권력의 자리에서 내려온 지금도 여전히 극우 세력의 스타다.

버락 오바마가 민주당 후보로 등장한 2008년 미국 대선. 오바마에게 10퍼센트나 뒤지고 있던 존 매케인^{John McCain}의 공화당은 자신들의 약점을 깨닫는다.

공화당 = 늙고, 닳고 닳은, 남성 정당

여성층의 지지가 절실했던 공화당은 '44세의 젊고, 듣보잡(즉 순수한), 여성' 세라 페일린^{Sarah Palin} 알래스카 주지사를 부통령 후보로 지명한다. 기대가 컸다. 잔 다르크 그림에 페일린의 얼굴을 합성할 정도였다. 하지만 페일린은 여성이기만 했다. 워싱턴의 늙은 정치인들보다 더 생각이 늙었고 뻔뻔하기까지 했다. 선거 기간 내내 막말과 엉뚱한 대답으로 지적 수준을 의심받았는데 선거가 끝나고 지금까지도 올곧게 무식하다.

- 2010년 틀린 철자를 지적당하자 '영어는 항상 변하는 언어

다. 셰익스피어도 새로운 단어를 만들었다'고 변명했다.

- 2010년 라디오 프로그램에서 '미국은 북한 편이다'라고 말
  실수를 한다. 실수라고 믿고 싶다.
- 2015년 1월 1일 다운증후군을 앓고 있는 어린 아들이 싱크
  대 앞에서 개를 밟고 서 있는 사진을 페이스북에 올리며 '아
  들이 설거지를 돕기 위해 개를 자신의 디딤돌로 삼았다.
  2015년에는 장애물로 여겨지던 모든 것들이 디딤돌로 바뀔
  것이다'라고 말해 많은 미국인을 부끄럽게 만들었다.

  다시 2008년으로 돌아가자. 부통령 후보 페일린이 ABC 방송
과의 인터뷰에서 이렇게 말한다.

  "러시아는 우리의 이웃 국가이며 알래스카에서도 러시아가 보
인답니다."

  언론은 이를 '알래스카에 있는 우리 집에서도 러시아가 보인
다'로 살짝 바꿨고 페일린의 무식함을 조롱했다. 지금도 인터넷
엔 이 대목과 언론사의 논평이 그녀의 무식을 조롱하는 근거로
남아 있다. 그런데 정말 페일린이 틀렸을까?

페일린을 위한
변명

#러시아와미국4km #날짜변경선

기레기 수준까진 아니지만 그래도 언론이 나빴다. 페일린이 실제로 한 말은 이렇다.

"여기 알래스카 땅에서도, 알래스카의 한 섬에서도 러시아를 볼 수 있습니다."

한반도 최남단(전라남도 해남군 땅끝마을)에서 제주도(제주공항)까지 거리는 대략 80km. 러시아(축치 반도)와 미국(알래스카) 사이에 낀 베링 해협의 가장 좁은 폭도 80km 정도다. 아시아와 아메

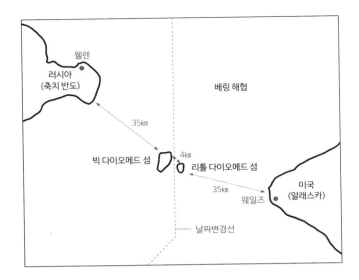

리카는 생각 외로 가깝다.

　이 좁은 해협 딱 중앙에 두 개의 섬이 있다. 작은 섬은 가로 3km, 세로 8km. 더 작은 섬은 가로 2km, 세로 3km. 이름은 각각 '빅 다이오메드'와 '리틀 다이오메드'다.

　'빅 다이오메드'는 러시아 소유고 '리틀 다이오메드'는 미국 땅이다.* 무슨 말일까?

---

*　1867년 미국이 러시아로부터 알래스카를 구입할 때 '리틀 다이오메드'도 같이 구입했다. 러시아가 사은품으로 줬다고 봐도 된다.

•

러시아와 미국 사이의 거리는 80km가 아니라 4km다. 두 나라는 사실 이 정도로 가깝다. 페일린이 한 말의 상당수는 거짓말이거나 변명이거나 무식으로 인한 오류였지만 러시아에 관해서만큼은 진실이었다. 러시아는 미국에서 보인다. 아주 잘 보인다.

빅이건 리틀이건 다이오메드 섬에 다시 올 일 없을 테니 조금 더 얘기하자. 북극에서 남극까지 태평양을 가로지르는 날짜변경선은 매끈하지 않다. 왜 그럴까?

시간대와 달리 날짜변경선이 '국가'를 통과하면 혼란스럽기 때문이다. 모스크바가 7시일 때 축치 반도가 19시면 시계만 살짝 조정하면 된다. 물론 한국인에겐 상상도 못할 사이즈지만.[**]

그러나 모스크바가 1월 7일인데 축치 반도가 1월 8일이면 난감하다. 러시아 땅에서 크리스마스 파티를 동시에 열 수 없는 정도야 사소한 일이고 혼란과 함께 많은 사회적 비용이 들 수 있다.[***] 그래서 날짜변경선은 정확히 국경선과 함께 '빅 다이오메드'와 '리틀 다이오메드' 사이를 통과한다. '빅 다이오메드(러시아)'에서 신년 축하 파티를 열 때 '리틀 다이오메드(미국)'는 아직 12월 31일이다.

[**] 다음 책을 더 읽어볼 것. 케네스 C. 데이비스, 《지오그래피》, 이희재 역, 푸른숲, 2003.
[***] 로마 가톨릭과 달리 비잔틴 가톨릭의 후예인 러시아 정교의 크리스마스는 1월 7일이다.

혹시 지도를 확인했다면 베링 해협에서 날짜변경선이 어떤 섬 서쪽에서 크게 꺾이는 것을 볼 수 있다. 그건 다이오메드가 아니라 세인트로렌스 섬이다. 착각하지 말 것. 다이오메드는 크건 작건 어지간한 지도에선 안 보인다. 구글맵이 제일 좋다.

084

우리나라에서도
외국이 보일까?

#북한을보는방법 #공간사고력

우리나라에서도 외국을 볼 수 있을까? 마음이 착한 사람만 보인다, 류의 '심리학적 눈' 말고 '생물학적 눈'으로 말이다.

보인다. 부산에서 일본 대마도가 보인다. 수영구나 해운대구 등 해안가 마을의 웬만큼 높은 지대 주택에선 안방 창문으로 대마도가 보인다. 잘 보인다.*

육지에서 제주도가 보일까?

보인다. 전라남도 해남 두륜산 703m 꼭대기에 오르면 완도와

---

* 구글에서 '황령산에서 보는 대마도'를 검색하면 여러 장의 사진을 볼 수 있다.

진도는 물론 한라산까지 보인다.**

북한은 당연히 보이겠지? 경기도에 바짝 붙어 있어 보이기는 하는데 접근성이 떨어져 찬찬히 보기는 힘들다.

특별하게 북한을 보는 방법이 있다. 다만 운이 좋아야 한다. 제주에서 김포로 가는 비행기는 하강하며 오른쪽에 서울대와 목동을 끼면서 착륙한다. 그런데 정말 드물게, 아마도 하늘길이 혼잡해, 김포평야까지 가서 유턴해 착륙하는 경우가 있다. 이때 창으로 보면 북한이 정말 잘 보인다. 개성 근처까지 보이기도 한다. 물론 그게 개성인지 알아야 볼 수 있지만.

이게 감질나면 강화도로 가면 된다. 강화도 북동쪽 끝 조그만 언덕에 월곶돈대와 연미정이 있다. 딱 여기까지만 민간인이 자유롭게 들어갈 수 있다. 월곶돈대 바로 앞은 임진강과 한강이 만나는 지점이다. 그 너머로 개성시, 정몽주의 선죽교, 공민왕릉, 개성공단이 죄다 24km 거리다.*** 하지만 앞에 산들이 가려 마음이 정말 착해야 보인다.

쉰 소리를 했으니 진지하게 마무리하자. 이 책을 보고 있는 중고등학생은 참 잘 하고 있다. 국·영·수만큼이나 지리와 지도에

** '두륜산에서 보는 제주도'로 검색할 것.
*** '월곶돈대, 북한땅' 정도로 검색하면 된다.

도 관심을 쏟아야 한다. 많이 보면 똑똑해진다, 라는 말은 차마 못하지만 지도와 지리 공부는 '공간 사고력'을 키워줘 학습에 많은 도움을 준다.

우주에서 인간의 지위**** 정도의 거대 명제는 철학자들에게 맡기고 평범한 우리는 '구글맵에서 나의 위치' 정도만 찾아도 인식의 지평이 넓어진다. 결국 우리의 삶은 우리가 발 딛고 서 있는 땅을 기본으로 돌아가는 것이기에.

물론 '땅'이 부동산이 될 수도 있다. 그럼 뭐 어때. 더구나 구글맵은 마음이 착하지 않아도 아무런 불편 없이 사용할 수 있다.

**** 제목만 외우고 있어도 있어 보이는 철학책을 소개한다. 막스 셸러, 《우주에서 인간의 지위》, 진교훈 역, 아카넷, 2001.

085

아인슈타인의
일본 사랑

#낭중지추 #일본최초노벨상

아인슈타인은 일본을 사랑했다. 왜 그랬을까?

　일본의 노벨 과학상 수상자는 20명이 넘는다. 1901년 제1회 노벨상부터 유력 수상 후보를 배출했고 1920년 무렵 일본 과학은 세계의 주목을 끈다.* 그런 일본을 아인슈타인은 좋아했다.

---

* 1885년 독일로 유학을 떠난 기타사토 시바사부로는 세균학의 아버지 코흐 밑에서 연구했는데, 여러 연구자 중 단연 톱이었다. 기타사토가 6년 후 귀국하면서 일본 세균학은 세계 최고 수준에 오른다. 제1회 노벨 화학상은 베링과 기타사토의 공동 수상이 유력했는데, 석연찮은 이유로 베링만 수상한다. 정치논리, 혹은 인종차별이었다는 뒷말이 지금까지 있다. 일본 과학은 왜 강한가? 서양 근대과학은 19세기 들어서야 탄생한다. 일본은 메이지유신(1868년) 전부터도 유럽 학문을 부분적으로 수용했고, 메이지유신 이후에는 맹렬히 근대과학을 받아들인다. 서양과의 과학 시차가 크지 않다는 말이다.

제1차 세계대전 패배 후 독일 경제는 나락에 빠졌다. 환율이 '환상적으로' 떨어져 은행원 자격 1순위는 0을 잘 세는 사람이었고 나중에는 아예 돈을 무게로 재기도 했다. 이런 가난한 시기에 아인슈타인은 베를린 대학 물리학과에 무급 강사 Privat-dozent 로 재직했다. 월급은 없고 학생들에게 수강료를 받았는데 아인슈타인은 강의도 적었다. 이때 독일에서 유학하고 돌아간 친독파 일본인들이 힘을 쓴다. 일본 호시제약 회장을 설득해 엄청난 자금을 베를린 대학에 지원하도록 한 것이다. 이런 일본을 아인슈타인은 사랑했다. 일종의 감사 차원에서 아인슈타인은 1922년 일본을 방문하는데, 일본으로 가는 기타노마루 호 선상에서 노벨상 수상 소식을 듣는다. 이래저래 일본과는 좋은 인연이다.

일본에서 한 아인슈타인의 육성 강연**은 고등학생인 유카와 히데키湯川秀樹(1907~1981)에겐 감미로운 음악이었다. 이후 유카와는 물리학 원서를 읽기 위해 독일어를 혼자서 공부했다. 1934년 11월 17일 유카와는 그때까지 어떤 인류도 알지 못했던 '전자보다 무겁고 양성자보다 가벼운 중간 무게의 소립자', 즉 '파이중간자Pi meson'의 존재를 예언하는 엄청난 논문을 발표하지만 반

** 닐스 보어(덴마크), 하이젠베르크(독일), 폴 디랙(영국) 등 나중에 노벨 물리학상(1922, 1932, 1933)을 받게 되는 양자역학의 대가들이 이즈음 일본을 방문한다.

향을 일으키지 못한다. 서양에선 순수 일본파인 유카와 자체에 무관심했고 일본에선 그의 이론을 이해할 사람이 없었다.

하지만 낭중지추囊中之錐, 호주머니 속 송곳은 어떤 식으로든 탈출하기 마련이고 될 놈은 된다. 유카와의 논문은 2년 후부터 세계 물리학계의 주목을 받고, 15년 후(1949)엔 일본 최초의 노벨상(물리학상)으로 이어진다.***

노벨상을 받기 전에 이미 노벨상 급 두뇌가 된 유카와는 1948년 9월 미국 프린스턴 고등연구소에서 초청해 생애 처음으로 일본을 떠난다. 유카와 부부가 연구소에 도착하자마자 연구소장을 제치고 아인슈타인이 달려온다. 부부의 손을 잡고 눈물 흘리며 고개를 여러 번 숙인 아인슈타인은 이렇게 말한다.

내가 발견한 원리 때문에 핵폭탄이 개발되었고 아무 죄도 없는 일본인들이 죽었습니다. 내 책임이 매우 큽니다. 저를 용서해주세요.

*** 아시아 최초 노벨상은 1913년 인도 작가 타고르가 받은 문학상이다. 두 번째 노벨상은 1930년 인도 과학자 찬드라세카라 벵카타 라만이 받은 물리학상이다. 라만의 조카 수브라마니안 찬드라세카르 역시 1983년에 노벨 물리학상을 받는다.

086

백성을 위해
자신의
목숨을 건 왕

#핵폭탄 #스탈린의비밀지령

1945년 8월 6일. 첫 번째 핵폭탄이 히로시마를 강타하자 일본은 소련의 도움과 중재에 희망을 건다. 1941년 4월 유효기간 5년짜리 '소·일 중립조약'을 맺으며 서로의 깡패 짓을 묵인하기로 했던 사이니까. 하지만 이미 몇 달 전부터 만주 국경에 160만 병력을 집결시킨 소련은 8월 8일 일본에 전쟁을 선포하고 8월 9일 0시를 기해 일본 소유이던 만주로 진격한다. 나쁜 놈들끼리의 약속은 대개 이런 식이다.

8월 9일. 나가사키에 두 번째 핵폭탄이 떨어진다. 그럼에도 일본 수뇌부는 항복하네 마네하며 지들끼리 다퉜다. 참모총장 우메즈 요시지로는 '앞으로의 핵 공격은 방공防空을 강화해 막을 수 있다'며 허세를 부렸고 항복에 반대하는 군인들이 도쿄 시내에 수류탄을 던지며 쿠데타를 시도하기도 했다. 개판을 보다 못한 천황*이 울면서 한 말이다.

"나는 나의 국민을 더 이상 고통 받게 할 수 없습니다. 전쟁이 계속되면 우리 일본은 불바다가 되고 수많은 국민들이 목숨을 잃게 됩니다. 내 목숨을 걸고 국민을 구하고 싶습니다."

8월 15일. 천황이 공식적으로 항복을 선언하는 순간, 그가 그렇게도 '목숨 걸고 구하고 싶었던' 일본인 630~690만 명(절반은 군인, 절반은 민간인)은 일본 밖에 있었고, 그 중 180만 명은 만주에 있었다.

8월 16일. 소련 최고권력자 스탈린이 내린 비밀 지령이다.

'만주의 일본군 포로를 소련 영토로 운반하지 않는다.'
하지만 8월 23일에는 스탈린이 정반대 지령을 내린다.

---

* 일왕이 옳은 표현이지만 혼란을 피하기 위해 천황이라 쓴다.

'건강한 일본인 포로 50만 명을 뽑아서 소련으로 이송하라.'**

스탈린은 왜 1주일 만에 생각을 바꿨을까?

** 1990년 러시아가 발표한 사료에 따르면 63만 명이다.

홋카이도
민주주의
인민공화국

#포츠담선언 #냉전시작

1945년 7월 26일. 포츠담(독일 베를린 인근) 선언을 통해 미국, 영국, 중국, 소련은 일본에 무조건 항복을 요구한다.* 일본의 반응은 명쾌했다.

"웃기지 마!"

하지만 종전을 직감한 일본 증권 시장은 이날부터 활활 타오른다. 하루만에 2~3배나 오르는 종목도 발생한다.

---

* 소련은 아직 일본과 전쟁 상태가 아니라 서명하지 않았고 중국은 길이 멀어 전보로 서명을 승낙했다. 1945년 8월 8일 소련이 일본에 선전포고를 함으로써 소련도 포츠담 선언의 서명국이 된다.

8월 6일. 히로시마에 핵폭탄이 떨어진다.

8월 8일. 소련이 일본에 전쟁을 선포한다.

8월 9일. 나가사키에 두 번째 핵폭탄이 떨어진다.

8월 14일. 온갖 삽질 끝에 드디어 일본이 포츠담 선언을 받아들이겠다는 뜻을 연합국에 전달한다. 항복하겠다는 말이다. 트루먼 미국 대통령은 필리핀에 있던 맥아더를 연합군 최고사령관에 임명하고 영국, 중국, 소련도 이에 동의한다.

8월 15일. 정오에 일본 천황이 항복을 선언한다. 일본에선 이를 '옥음방송'이라 부른다.

전쟁이 끝났으니 즐거운 전리품 분배 타임.

8월 16일. 스탈린이 트루먼에게 전보를 보낸다. 홋카이도 북부를 자신이 차지하겠다고.

8월 18일. 트루먼이 답한다.

"이미 약속한 대로 만주, 사할린, 쿠릴 열도는 너희들 차지다. 홋카이도를 포함해 일본은 우리 미국 차지. 조선은 사이좋게 반띵. 언더스탠? 네고 불가!"

8월 22일. 트루먼의 단호박으로 바짝 열이 오른 스탈린, 분노가 뚝뚝 묻어나는 전보를 트루먼에게 보낸다. 하지만 이미 세계 원탑으로 올라선 미국을 어쩔 수는 없다. 잽싸게 핵폭탄도 개발하고 전쟁으로 엉망이 된 국력도 키워서 미국을 무너뜨려야지,

정도의 결심을 한 것으로 보인다. 향후 40년 간 이어질 냉전은 이 장면에서 시작한다.

8월 23일. 더 나빠질 테야, 라고 결심한 스탈린은 포츠담 선언 **을 무시하고 63만 일본 포로를 소련 땅으로 끌고 간다. 독재자란 원래 이렇다. 소련은 포로들을 1,000명 단위로 묶어 시베리아뿐 아니라 모스크바, 레닌그라드 등 대도시 부근으로도 옮겼다. 왜 그랬을까?

- 소련은 러일전쟁(1904~1905) 패배 등 일본에 당한 굴욕 시리즈가 많기 때문에 국민에게 보여줄 정치 이벤트가 필요했다.
- 스탈린은 '홋카이도를 점령해야 원한이 풀릴 것 같다'고 말했다.

결국 나라 간 약속을 어기고 63만 명을 포로로 잡은 것은 화풀이 때문이라는 것이다. 전 국민의 화풀이 + 스탈린 개인의 화풀이. 만약 트루먼이 스탈린의 요구를 들어주었다면 어땠을까?

아마 일본은 우리처럼 남북이 '홋카이도 민주주의 인민공화국'

** 포츠담 선언 9항: 일본 군사력은 완전히 무장 해제된 다음에 평화롭고 생산적인 활동을 꾸려 나갈 기회를 제공받도록 귀국이 허용되어야 한다.

과 '일본'으로 분단되어 천문학과에서만 다룰 사이즈의 기회비용을 오늘까지 날리고 있었을 것이다.

나쁜 놈들
리그

#천황제유지 #63만일본인제공

스탈린만 나빴을까? 일본 총리를 지냈던 고노에 후미마로近衛文麿
소련 특사*가 1945년 7월에 작성한 관동군 문서다.

 '일본 영토 일부를 소련에 넘기고 만주의 일본군과 일본인도
노동력으로 제공한다.'

 왜? 원래 문장은 이렇다.

---

* 소련이 거부했다.

'천황제를 유지하는 조건으로 일본 영토 일부를 소련에 넘기고 만주의 일본군과 일반인도 노동력으로 제공한다.'**

패전은 기정사실이니 가능한 좋은 조건으로 마무리하는 것이 지상 목표였다. 일본 지배층에게 '좋은 조건'이란 천황제의 유지였고, 이를 위해서는 국가를 위해 싸운 젊은 군인들의 목숨도 아끼지 않겠다는 말이다. 고노에는 일본 최고 귀족인 '후지와라' 가문의 장자다. 천황 빼곤 최고 혈통이다.

그렇게 국가가 포기한 만주의 일본인 63만 명은 굶주리면서도 소처럼 일했고 추위 속에서도 개처럼 맞았고 파리처럼 6만 6,400명이 사망했다.***

다시 정리하자.

① 소련군, 나쁜 놈이다. 중국에 만주를 반환하는 1946년 5월까지 약탈, 성폭행, 살육을 범했다.

② 스탈린, 원래 나쁜 놈이다.

** 1945년 8월 29일 관동군 사령부가 소련 극동사령관에게 보낸 문서다. '귀국할 때까지 일본 군인들을 소련군이 사용하여 주시기를 바랍니다'. 이 문서들은 일본 포로억류자협회 초대 회장 사이토 로쿠로에 의해 러시아에서 발견되었는데, 사이토의 자료 발표와 해석에 주관이 많이 끼어 있어 참고만 하길 바란다. 더 자세한 내용은 다음 두 책을 참고하면 좋다. 호사카 마사야스, 《쇼와 육군》, 정선태 역, 글항아리, 2016, 제50장. 신문 아카하타 편집국, 《전쟁의 진실》, 홍상현 역, 정한책방, 2019, 2부.
*** 한국인도 1만 명 이상 끌려갔다.

③ 일본 지배층, 나쁜 놈이다.

④ 천황, 위선자다.

　하지만 한국엔 3, 4번을 인정하지 않는 사람들이 꽤 있다.

　1939년 호주 북쪽 뉴기니 전선에 파병된 일본군 부대에서 부대장 관련자(부대장, 부관, 당번병 2명)만 일본으로 귀환하고 나머지 병사들은 전사하거나 행방불명되었다. 그렇게 자식을 잃은 아버지가 1946년 3월 일본 정부에 보낸 편지다.

　'전쟁에 나가라는 폐하의 어명을 받은 아들에게, 폐하의 부하로써 부끄럽지 않게 행동하라고 말했던 아비입니다. 하지만 아들의 상관들은 아들을 적지에 버리고 오는 짐승 같은 짓을 저질렀습니다. 폐하께 충성을 다했던 군인들을 적지에 버리신다면 그건 폐하가 명령하신 것입니다.'

한 가지 음식만
먹는 사람들

#스미스블루 #아일랜드대기근

미국 캘리포니아 해변의 모래 언덕에는 '스미스블루Smith's blue butterfly'라는 나비가 산다.

재미없는 인생이다. 칸트처럼 평생 출생지를 벗어나지 않고, 이집트를 탈출한 이스라엘 백성처럼 음식도 단 두 종류*만 먹는데, 그나마 둘 다 메밀의 일종이다. 수명은 딱 일주일이다. 그래서 생애 첫 불금이 마지막 불금이다.

해안 개발, 도로 건설, 모래 언덕을 오르는 오프로드 차량, 가

---

* 만나와 메추라기.

축 방목, 다른 외래종의 침범으로 절반 이상의 메밀이 사라졌다. 이런 경우 다른 나비들은 '메뉴'를 바꿔 생존을 이어 간다. 하지만 스미스블루 나비들은 '기존 메뉴'를 고집했고 결국 멸종 위기다. 미국 연방정부는 캘리포니아 해변에 보호 지역을 설정했지만 상황이 시원찮다.

　(수백 년 째 영국 식민지 상태인) 1845년 아일랜드. 850만 인구 중 절반 정도가 삼시 세 끼를 감자로 때웠다. 조금 여유가 있는 사람들은 우유, 버터밀크(버터를 만들고 남은 신맛 나는 우유), 청어를 곁들여 삶은 감자를 먹기도 했다.**

　어느 날 아침 아일랜드 농민들은 감자밭이 검은 진창으로 변하는 광경을 목격한다. 파낼 때까지만 해도 아무 이상 없어 보이던 감자 역시 2~3일 만에 악취를 풍기며 썩어 문드러졌다. 1845년부터 1851년까지 이어지는 '아일랜드 대기근'의 시작이다. 왜 '대'기근이냐면 과거 수백 년간 30여 차례, 바로 전 10년간 다섯 차례의 고만고만한 기근이 있었기 때문이다.

　감자 마름병으로 아일랜드 전역에서 감자가 죽어 나가자 아일랜드인 역시 대량으로 죽기 시작했다. 많은 사람들이 굶어 죽었

** 아메리카 잉카인들은 230여 종의 야생 감자를 700여 종의 곡식으로 개량했다. 16세기에 감자는 유럽에 소개되는데 처음엔 인기를 끌지 못하다가 18세기가 되어서야 식량으로 대접받는다.

고 그보다 훨씬 많은 사람들은 굶주림으로 약해진 몸이 전염병의 공격을 이기지 못해 죽었다.

감자 마름병이 그렇게도 센 놈인가? 아일랜드가 에버랜드 사이즈도 아닐 텐데?

문제는 감자 마름병이 아니라 감자 자체에 있었다. 당시 아일랜드에서 재배하던 감자는 거의 한 가지 품종이어서 어떤 병이 등장했을 때 감자가 취할 수 있는 태도는 두 가지였다.

거의 다 죽거나, 살거나.

사이즈는 작지만 우리나라도 비슷한 경험을 했다. 정부는 1969년 파주시 장단면의 토종 콩 '장단백목'과 일본 콩 '육우 3호'를 교배해 '광교'라는 새로운 콩을 개발했다. 당시 큰 피해를 주던 '모자이크 바이러스'에 강한 새로운 콩이었다. 농민들은 토종 콩을 버리고 대부분 광교로 갈아탔다. 누군들 그러지 않았을까.

알콩달콩 콩농사를 짓던 농민들에게 3년 후 날벼락이 떨어진다. 전국의 광교가 거의 전멸한다. 왜 그랬을까?

광교는 모자이크 바이러스에 강했다. 하지만 괴저 바이러스엔 약했다. 토종 콩들은 모자이크 바이러스에 약했지만 괴저 바이러스엔 강했다. 토종 콩들의 파워에 기가 죽어 근근이 목숨을 이어가던 괴저 바이러스, 광교가 등장하자 미친 듯이 증식해 퍼져 나갔다. 더 강하게, 더 독하게 그리고 게임 끝.

한 품종만 재배하는 것, 생물 다양성을 파괴하는 것, 달걀을 한 바구니에 담는 것, 대통령과 부통령이 한 비행기에 타는 것, 법대생만 판검사가 되는 것, 같은 생각을 가진 사람들만 모이는 것, 스카이 출신이 좋은 자리를 다 해먹는 것, 무서운 결과를 초래할 수 있다. 혹은 초래한 결과가 요즘이거나.

   아일랜드인과 스미스블루 나비는 똑같이 메뉴가 빈약했다. 다른 점은 나비와 달리 아일랜드인에겐 메뉴를 고를 자유가 없었다는 사실이다. 왜 그랬을까?

090

감자 때문에
죽은 사람들

#영국식민지아일랜드 #맥도널드 #맥아더

적도에서 올라오는 따뜻한 바닷물(대서양 만류) '덕분에' 아일랜드 기후는 습하고 온화했다. '덕분에' 아일랜드 초지는 유럽에서 가장 상태가 좋았다. '덕분에' 고대 아일랜드인들은 우유와 버터를 넉넉히 먹을 수 있었다.

연속되는 '덕분에'로 최소 반만 년은 행복할 줄 알았던 아일랜드. 늘 그렇듯 원수는 항상 가까이에 산다. 12세기부터 야금야금 아일랜드를 침략하던 영국(잉글랜드)은 17세기 즈음해서 완벽하게 아일랜드를 소유한다.

1840년 당시 아일랜드에는 인구의 60퍼센트가 먹을 수 있는

500만 명분의 밀이 생산되었다. 하지만 거의 전량 영국으로 '수출'된다. 아일랜드 농토를 죄다 소유하고 있던 영국 출신 지주들이 식량 부족에 시달리는 본국에 밀을 팔았다.

영국은 왜 식량이 부족했을까?

산업혁명에 올인해서 그랬다. 공장에서 생산한 물품을 해외에 팔고 그 돈으로 식량을 수입했다. 1800년 유럽 대륙 남성 노동자의 70~80퍼센트가 농부였던 반면 영국은 40퍼센트에 불과했다. 1900년이 되면 전체 노동자 중 농부가 차지하는 비율은 10퍼센트로 떨어지고 밀의 80퍼센트를 수입해서 먹게 된다. 이를 통해 영국은 농업에서 제조업으로 산업구조를 변화시킨 최초의 국가가 되었고 '24시간 해가 떠 있는' 제국을 건설할 수 있었다.

감자는 아일랜드 농민을 먹이고, 아일랜드 농민은 영국인을 먹이고, 영국인은 대영제국을 건설했으니 감자는 대영제국의 이등공신이다, 라고 말할 수 있다. 아메리카에서 건너간 감자는 그렇게 영국사에 큰 족적을 남겼다.

기근으로 얼마나 많은 아일랜드인이 죽었을까?

1851년 인구 조사를 실시했는데 전체 인구 850만 명 중 110만 명이 사망했다. 100만 명은 살길을 찾아 미국, 호주 등지로 이민을 떠났다. 전체 인구의 25퍼센트가 아일랜드 땅에서 사라졌다. 이후 아일랜드는 다시는 인구를 회복하지 못한다.*

대기근 당시 아일랜드를 탈출한 농민 중에 패트릭이라는 청년이 있었다. 배 안에서 만난 여성과 결혼한 그는 미국 보스턴에 정착했다. 패트릭의 손자는 하버드 대학을 졸업한 뒤 정계와 재계에서 이름을 날린다. 손자의 차남, 즉 패트릭의 증손자가 케네디 대통령이다. 영국사에 족적을 남긴 감자는 미국사에도 그렇게 개입했다.

아일랜드와 스코틀랜드의 성씨 중 맥^Mc^ 씨와 오^O'^ 씨가 있다. 둘 다 '~의 아들, ~의 후손'이라는 뜻이다. 맥아더^McArthur^ 장군은 아더^Arthur^의 후손이라는 말. 미국에 사는 맥아더^McArthur^, 맥도널드^McDonald^, 맥그리거^McGregor^, 오닐^O'Neill^, 오코너^O'Connor^, 오브라이언^O'Brien^ 등은 대기근 때 이주한 아일랜드인의 후손일 가능성이 높다.

미국사에 개입한 감자는 한국과 일본에도 영향을 미쳤다. '맥아더'든 '맥도널드'든 말이다.

---

* 대기근 때를 포함해 19세기 내내 180만 명의 아일랜드인이 이민을 떠났다. 대기근 시기 유럽을 떠난 이민자 5명 중 최소 4명이 아일랜드인이었다.

091

셀프 혐오

#검은47년 #기근 #기아

기근과 질병으로 아일랜드 전체가 무덤 비슷하게 변해갈 때, 지배자 영국은 여전히 탐욕스러웠고 무섭도록 냉정했다. 아일랜드인이 굶어 죽는 와중에도 계속해서 밀을 반출했고 구호 활동에는 인색했다. 아일랜드'인'을 온전한 인간으로 취급하지 않았기에 그랬을 것이다.

① 하얀 원숭이
② 걷는 원숭이

①은 영국인이 창조한 아일랜드인, ②는 일본인이 만들어낸 조선인이다.

어떤 미국인의 기록이다.

'아일랜드에선 지금도 수많은 사람들이 굶어 죽고 있다. 그러나 아일랜드 수도 벨파스트 항에는 외국으로 가는 곡물이 많다. 구호선이라곤 미국에서 오는 옥수수를 실은 배 한 척이 전부다. 그 옆에는 영국으로 가는 수많은 곡물선이 있다.'

아일랜드 대기근은 감자 마름병으로 시작되었지만 진짜 원인은 영국의 수탈 때문이었다는 것이 아일랜드인의 생각이다. 아일랜드 출신 문학가로 노벨 문학상까지 받은 조지 버나드 쇼 George Bernard Shaw의 희극 〈인간과 초인〉에 나오는 한 대목이다.

멀론: 아버지는 '검은 47년' 때 돌아가셨다오.

바이올렛: 기근 말인가요?

멀론: '기근^{饑饉}'이 아니라 '기아^{饑餓}'요. 먹을 것이 얼마든지 있어 외국으로 수출하는 판인데 기근이 있을 수 없지요.*

---

* 기근은 흉년으로 굶주리는 것이고, 기아는 먹을 것이 없어 굶주리는 것이다.

사정이 이런데도 '뇌–신경–배선'이 판타지급인 아일랜드 학자들이 있다. 그들의 주장이다.

"만약 아일랜드가 독립국이었다 해도 영국보다 더 나은 조치를 취할 수는 없었을 것이다. 차라리 영국과 아일랜드가 완전히 한 나라가 되었더라면 굶어 죽는 사람의 수는 감소했을 것이다."

　　아일랜드 대기근에 영국 책임은 없다는 주장이다. 자기 부정과 셀프 혐오를 통해 가해자의 시선을 획득한 피해자. 과연 그럴까? '가해자'의 후손인 토니 블레어 영국 총리가 1997년에 한 연설이다.

"한때 세계에서 가장 부유하고 가장 강력했던 국가의 한편에서 100만 명이 목숨을 잃었다는 사실은 그때의 잘못을 되새기는 우리에게 지금도 큰 아픔을 안겨줍니다. 당시 런던에 들어앉은 위정자들은 농사의 실패가 엄청난 비극을 불러일으키는 와중에도 사태를 수수방관하며 국민을 저버렸습니다."

092

반일 종족주의라는
컬트

#조선총독부 #극우의사고체계

'뇌−신경−배선'이 대단한 사람들은 한국에도 있다. 30년 가까이 '식민지 근대화론'을 주장하던 이들은 2019년 《반일 종족주의》를 출간함으로써 지식 사회에 거북한 논쟁거리를 던진다.

재미있는 것은 논쟁거리를 던져놓고 논쟁에 나서지는 않는다. 유튜브나 극우 인사들을 통한 일방적 강의와 추종, 확대 재생산만 있다. 비판자에겐 무조건 '좌파, 민족주의, 종북'이란 딱지를 붙여버린다. 이러면 학문이 아니라 컬트^cult(특정 대상에 열광하는 무리. 특히 광신적 종교 집단)다.*

어쨌건 이 책에서는 이렇게 주장한다.

'일제는 쌀을 수탈하지 않았다. 조선 농민들이 수출한 것이다.'

정말?

제1차 세계대전 때 일본은 '아마테라스 오미카미'** 이래 최대 호황을 누렸다. 하지만 1918년 전쟁이 끝나자 일본 경제는 무너지기 시작한다. 물가는 폭등하고 특히 쌀값은 옥상을 몰랐다. 국가 방침에 순응하는 것이 민족성인 일본인, 아베의 온갖 실정에도 '알아서 잘 하겠죠'라고 참아내는 일본인이 쌀값이 금값 비슷하게 되자 민란을 일으키는데 도쿄에서 홋카이도까지 참가 인원만 70만 명 이상이었다. 그래서 조선총독부는 말했다.

"식량 문제 해결은 일본의 사활이 걸린 과제다."

일본은 매년 300~500만 석의 쌀을 외국에서 수입했는데 운송비를 고려하면 동남아나 중국보다 조선, 그것도 식민지 조선에서 수입하는 게 가장 이익이었다. 이게 1920년부터 시작되는 산미증식(갱신)계획의 기본 배경이다.*** 그래서 조선은 쌀을 수출했고 일본은 쌀을 수입했다. 표면적으로 보면 수탈이 아니라

---

* 이들은 두 번째 책 《반일 종족주의와의 투쟁》을 2020년 5월 16일에 인쇄했다. 자신들의 지향점이 어딘지를 명백히 보여주는 퍼포먼스다. 《반일 종족주의》에 대한 학문적 반증은 차고도 넘치니 언급을 생략한다. 필자도 유튜브 채널(백꽈사전)을 통해 다루었다. 한마디로 《반일 종족주의》는 극우가 극우에게 들려주는 극우 소설이다. 그런 면에서 《로마인 이야기》로 유명한 극우군국주의자 시오노 나나미와 유사하다. 시오노 나나미에 대한 비판은 서울대 서양사학과 주경철 교수의 《테이레시아스의 역사》(산처럼, 2002)를 참고하길 바란다.
** 일본 천황의 조상신이자 태양신. 우리로 치면 '단군 이래 최대 호황'.

수출.

"쌀을 일본에 수출하면 조선 농민들의 삶이 나아지는 것 아니냐?"

《반일 종족주의》의 주장이다. 정말 그럴까?

*** 1937년에는 '조선의 쌀 수출량이 1,100만 석에 달해 제국의 식량 문제 해결에 중대한 역할을 담당하고 있다'고 총독부가 발표했다. 하지만 조선의 쌀값은 계속 오른다. 1939년 총독 부조차 '쌀값이 계속 올라 일반 사회생활에 커다란 위협을 주고 있다'고 진술할 정도였다.

093

그는
예언자일까?

#토지개량사업 #산미증식계획 #조선농민만손해

"쌀을 일본에 수출하면 조선 농민들의 삶이 나아지는 것 아니냐?"

당시 일본인 경제학자, 심지어 '식민 정책'을 전공한 경제학자 야나이하라 다다오矢内原忠雄*는 1927년에 비슷하지만 결이 다른 질문을 던졌다.

"(산미증식계획으로 쌀 생산이 늘어) 쌀을 일본에 수출하면 조선 농

---

* 1893~1961. 그는 한국에 대한 관심이 컸다. 일제의 한국 식민통치를 비판한 인물로 3.1운동을 옹호한 일본 지식인 중 하나다. 나중에 동경대 총장이 되는데 그는 중앙공론사 선정 '근대 일본을 형성한 인물 100인' 중 한 명이다. 기독교인이였던 그가 남긴 말이다. "내가 두려워하는 것은 다만 예수님에 대해 진실하지 못한 것뿐입니다."

민들의 삶이 나아질 것인가?"

정리하면 이렇다.

- 산미증식계획의 핵심은 토지개량사업이다.
- 토지개량사업의 핵심은 저수지 축조와 관리다.
- 저수지 축조와 관리는 수리조합 소관이다.
- 농민은 물 사용 대가로 수리조합에 수세를 지급해야 한다.

논리 연쇄의 마지막은 질문이다.

"조선 농민은 수세를 내고도 먹을 것이 남을 것인가?"

야나이하라의 예상은 이랬다.

- 산미증식계획은 일본인 자본가의 이익으로 돌아갈 것이다.
- 조선에 식량 문제를 일으킬 것이다.
- 조선 농민들은 땅을 잃을 것이다.
- 조선인의 생활을 향상시키지 못할 것이다.

그는 통찰력을 가진 예언자일까? 아니면 거짓 선지자일까?

형식은 수출,
내용은 수탈

#부담3종세트

야나이하라의 예상대로 조선 농민들의 사정은 악화된다. '부담 3
종 세트' 때문이었다.

1. 수세水稅 부담

2. 쌀 증산을 위한 화학비료 장려로 지출 증가

3. 세금 중 부담이 가장 컸던 지세地稅 *

---

* 세금 중 35퍼센트를 차지했다. 이계형, 전병무 공편, 《숫자로 본 식민지 조선》, 역사공간, 2014, 119쪽.

당시 조선인들의 상황을 알려주는 문장이다.

'일본 문물이 들어오면서 옛날에는 돈은 귀했으나 의식주에는 걱정이 없던 살림이, 이제는 돈 구경은 나아진 셈이지만 의식주에 큰 걱정거리가 생겼다.'

오버가 아니다. 조선총독부가 검열을 마친 문장이다. 아마 더 리얼했을 그 다음 1,008자는 잘렸다.** 《숫자로 본 식민지 조선》 은 일제가 검열을 통해 자신들이 감추고 싶은 통계는 삭제한 자료다. 다시 말해 일제도 인정한 최소한의 자료라는 말이다. 이 자료들이 일관되게 말하고 있다.

'일본에 쌀을 수출하지만 그 열매는 조선에서 논밭을 소유한 일본인 그리고 소수 한국인 지주에게 집중되었다.'

왜 이런 자료들이 《반일 종족주의》 저자들의 눈엔 보이지 않는 걸까? 자신들이 그렇게 좋아하고 존경하는 조선총독부 자료인데. (사람은 눈이 아니라 '뇌로 본다'는 말이 정말 맞다.) 어쨌든 구조적 빈곤의 덫에 걸린 농민들이 헐값에 내놓은 땅을 자본이 풍부한

** 앞의 책 210쪽.

일본인들이 구입했다. 땅을 잃은 농민들은 대부분 실업자가 되어 농촌을 떠난다. 간신히 생계를 유지하거나 다른 사람의 도움 없이는 살아갈 수 없게 된 한국인의 숫자다.

  1926년 216만 명(인구의 11.6%)
  1931년 543만 명(인구의 27%)
  1934년 586만 명(인구의 28%)

  역시 총독부 검열을 통과한 자료다. 일본 당국도 인정한 최소한의 수치라는 말이다. 게다가 걸인은 뺀 숫자다. 일본이 조선을 개발할수록 조선인의 삶은 비참해졌다. 소수의 친일파와 지주들을 제외하고.
  《반일 종족주의》주장대로 일제는 쌀을 수탈하지 않았다. 조선 농민들이 수출했다. 하지만 결과는 수탈과 다름없었다. 야나이하라의 말이다.

  "한국은 일본의 아일랜드***다."

*** 한국 정부의 고문이었지만 일본 앞잡이 노릇을 했던 미국 외교관 스티븐스. 1908년 3월 캘리포니아에서 장인환과 전명운에 의해 사살된다. 이때 미국에 사는 아일랜드 사람들이 이 둘의 변호를 자처했고 좋은 판결을 얻어낼 수 있었다. 아일랜드와 한국의 처지가 비슷하다고 생각했기 때문이었다.

095

만몽개척단의
비밀

#5족협화 #돈주고빼앗은땅

일본은 1936년부터 자국의 하층민들을 '만주'와 '몽골'로 이주시켜 농사를 짓게 하는 '만몽개척단'을 만든다(시험적인 이민은 1932년쯤 시작했다).

- 드넓은 만주를 식량생산 기지로 만들어 부족한 식량을 충당할 수 있다.
- 1929년 세계 대공황 영향으로 실업자가 된 하층민들이 반정부 세력으로 뭉치기 전에 본토에서 제거할 수 있다.
- 만주에 일본인을 늘려 식민지 장악력도 높일 수 있다.

– 만주에서 5족협화五族協和*를 성공시켜 중국인들의 항일운
    동을 누그러뜨릴 수 있다.

    그래서 나온 구호가 '만몽은 우리나라의 생명선'**이다. 일본
정부로서는 '일타사피'의 꽃놀이패. 백성들에게 '젖과 꿀이 흐르
는 땅'의 소유권을 주겠다고 선전했다. 하지만 '젖과 꿀'은커녕
추워 죽겠다는 체험담이 전해지자 1938년 무렵엔 지원자가 현
저히 줄어든다. 그러자 일본 정부는 마을에서 10~20퍼센트의
사람을 이민 보내는 '분촌이민'을 권장하고 잘 협조하는 마을엔
보조금을 지급하고 길도 닦아줬다. 마을 대표에게 할당량을 부
과해 여러 가지 협박으로 모집을 압박하기도 했다.
    1938년부터는 '만몽개척–청소년–의용군'이란 사탕발림으로
아이들을 속이기까지 했다. 실제 가지는 않았지만 개척단 소개
강연을 듣고 가슴이 뛰었다는 초등학교 6학년의 증언도 있다.
    1940년엔 개척 청년들에게 '신부를 공급'할 '여자 척무 훈련소'
를 만들고 고등학교에 할당 인원을 배정하기도 했다. 잘생긴 청

---

*   일본인, 한족, 만주족, 몽골족, 조선인이 협력하고 화합하여 서양 제국주의를 막아내자는 이
    념. 나중에 만주국의 건국이념이 된다.
** 외교관 출신 국회의원 마쓰오카 요스케의 1930년 12월 발언으로 나중에 일본을 석권하는
    구호가 된다. 만주사변 9개월 전의 일이다. 1932년 3월 지린성, 헤이룽장성, 랴오닝성을 기
    반으로 하는 만주국이 관동군에 의해 건국된다. 국가 원수는 청나라 마지막 황제 푸이. 세계
    인이 볼 때는 괴뢰국가, 짝퉁국가였지만 일본은 기대가 컸다.

년이 '대륙으로 가자'고 선동하는 광고에 반해 만주로 간 여성도 있다. 그렇게 만주로 간 여성들은 집단 결혼식에서 처음 신랑 얼굴을 봤다.

일본 정부가 목표한 만몽개척단은 '20년간 100만 가구, 500만 명'이었다. 성공했을까? 대략 22만~27만 명으로 목표치의 5퍼센트 정도를 보냈다. 게다가 9만 명은 청소년이었다. 어쨌거나 만몽개척단의 기대는 컸다. 일본에선 꿈도 못 꿀 부유한 생활을 누릴 수 있다는 기대, 식민지 중국인들을 하대하며 상류층 행세를 할 수 있다는 기대, 게다가 '목숨을 걸고서라도 국민들을 구하고 싶다'는 이가 자신들의 국왕 아닌가.

그런데 만몽개척단이 개척한 땅은 무슨 땅이었을까? 일본 정부가 만주 농민으로부터 사들인 땅이었다. '사들였다'고 했지만 협박과 강제력을 동원해 헐값에 구입했기에 사실은 빼앗은 땅이다. 일제가 쌀을 수탈하지 않았다고 주장하는 이들이 중국인이었다면 이렇게 주장할 것이다.

"중국인들은 일본에 땅을 빼앗기지 않았다. 돈 받고 팔았다."

중국에는 이런 주장을 하는 중국학자들이 없다. '메이드 인 차이나'라면 인상부터 찌푸렸던 과거가 부끄럽다.

096

476명 출발,
345명 사망

#관동군 #세월호

476명이 출발했는데 345명이 사망했다. 무슨 사건일까?

만주에 주둔한 관동군은 원래 정예군이었지만 1943년 이후 주력 부대가 동남아시아 전선으로 이동해버려 인원이 많이 부족했다. 병력의 질도 낮았다. 이런 상황에서 소련이 쳐들어오자 관동군은 만몽개척단의 청년들을 군사로 징집한다. 노인, 여자, 아이만 남게 된 개척단엔 이렇게 말했다.

"관동군은 든든하다. 개척단은 걱정 말고 농사에만 전념하라."

지들 가족은 이미 안전지대로 대피시킨 후였다. 보호막이 사라진 개척단은 소련군의 먹잇감이 된다. 심각한 건 개척단에 땅을 빼앗겨 빈민으로 전락했던 중국인들이었다. 닥치는 대로 만몽개척단을 죽였다. 관동군은 이들을 막을 능력이 없었고 의지는 더 없었다.

동시에 200명 이상 살해당한 개척단이 21개, 전멸한 개척단도 7개였다. 길이 없다는 생각에 집단 자살을 택하는 사람들도 많았다. 이런 식으로 만몽개척단 8만 명이 사망한다.

일본 탄토쵸(효고현 동북부) 이치노미야 신사 뒤편 비석에 새겨져 있는 내용이다.

1944년 3월, 탄토쵸 만몽개척단 476명 만주로 이주.
1945년 8월 17일, 345명이 물에 뛰어들어 자살.

국가가 구조를 포기하자 476명 중 □명이 죽었다.

□에 345를 넣으면 탄토 마을 만몽개척단이다.
□에 304를 넣으면 세월호다.

일본인 '위안부'도
있었다

#네덜란드'위안부' #시오노나나미의민낯

2018년 8월 15일, 〈아사히신문〉에 다음과 같은 내용의 기사가
게재되었다.

  일본 기후현 구로가와(현 시로가와 마치) 마을에 살다 만주로 떠
난 만몽개척단. 구로가와 마을 출신이라 '구로가와 개척단'이라
불린 600여 명의 사람들이 있었다.

  중국인의 보복 폭력에 떨던 이들이 집단 자살을 결심할 즈음
소련 군대가 들어온다. 개척단이 보호를 요청하자 15명 가량의
여성을 '위안부'*로 바치면 해주겠단다. 개척단 간부는 17~21세

여성들을 소련군 부대로 보낸다. 왜 어린 혹은 젊은 여성들이었을까?

당시 20세였던 피해 여성이 증언한 개척단 간부의 말이다.

"남편이 관동군에 징집된 부인들에게 부탁할 수는 없잖아. 너희가 희생해야겠다."

나중에 발견된 간부들의 메모엔 '여자들을 바치고 수백 명의 목숨을 살린다'는 내용도 있었다.

일본'인' '위안부'는 1945년 9월부터 11월까지 소련군을 상대해야 했고 일부는 중국군 '위안부'도 겸했다고 한다.

구로가와 개척단은 1946년 9월에 귀국했다. 모두 귀환에 성공했다는 자료도 있지만 일부는 성병과 발진 티푸스로 중국에서 사망했다.

일본은 이들을 품어주지 않았다. 어떤 이는 더럽다고 욕했고 어떤 사람들은 거짓말 하지 말라고 비난했다. 많이 배운 이들은 일본인 '위안부'는 없다고 주장했다. 어쩌면 조선 환향녀의 일본 버전이다.**

일본 정부는 지금까지도 이들에게 사과하지 않고 있다. 일본인 '위안부'의 존재를 인정하면 한국인 '위안부'의 존재도 부정할 수

---

* 본질은 성노예다.

없기 때문이다. 한국인 '위안부'를 인정하면 중국인 '위안부', 대만인 '위안부', 동남아인 '위안부'도 줄줄이 인정해야 한다. 그리고 네덜란드인 '위안부' 얀 루프 오헤른도 인정해야 한다.***

시오노 나나미가 일본 보수잡지 〈문예춘추〉 2014년 10월호에 기고한 내용의 일부다.

> 네덜란드 여자들까지 '위안부'로 삼았다는 이야기가 퍼지면 큰일이다. 그 전에(세계적으로 알려지기 전에) 급히 손을 쓸 필요가 있다.

** 1950년대 중반, 침략 전쟁에 가담한 것을 반성하는 전직 군인들에게 일본 언론은 '적군에 세뇌됐다'며 냉소의 시선을 보냈다.

*** 자세한 내용은 다음 책 참조. 야마자키 도모코, 《경계에 선 여인들》, 김경원 역, 다사헌, 2013, 3장.

098

가만히
있으라

#선조의배신 #류성룡 #징비록

"가만히 있으라."

누구의 말일까? 임진왜란 초기, 서울을 버린 왕의 행렬이 경기도 어느 곳을 지날 때 밭일을 하던 농부는 선조를 향해 울부짖으며 이렇게 말했다고 전해진다.

"왕이 백성을 버리면 우린 어떻게 살란 말입니까?"

우여곡절을 겪고 1592년 5월 7일 평양에 도착한 선조 일행. 5월 말이 되자 임금이 평양마저 버리고 떠난다는 소문이 백성들 사이에 걷잡을 수 없이 퍼진다. 백성들은 동요했고 먼저 평양을 버리고 떠나는 사람들도 속출한다. 그러자 선조는 6월 2일, 승지

(지금으로 치면 청와대 비서관)를 통해 자신의 말을 전한다.

"반드시 평양을 지킬 것이다. 가만히 있으라."

백성들은 왕에게 절하고 통곡하며 물러갔다.

1592년 6월 6일, 5만 조선군이 용인에서 일본군과 싸웠지만 졌다. 이제는 끝장이라는 인식이 전국에 퍼지고 자의든 타의든 일본군에 협조하는 백성들이 속속 생겨난다.

6월 11일, 백성들에게 가만히 있으라던 선조는 평양성을 빠져 나갔다.

지금도 그렇지만 당시에도 백성들이 왕을 향해 할 수 있는 일은 거의 없었다. 그저 냉소하고 포기할 뿐. 누군가는 관아 담벼락에 이런 글을 붙이기도 했다.

'국왕 일행이 의주로 도망갔다.'

왜군을 향해 보낸 메시지였다. 조선의 임금과 지배층은 왜군뿐만 아니라 백성마저도 적으로 돌리고 만다.

왕이 버리고 간 백성들은 어떻게 되었을까?

류성룡의 고백이다.

"다시 돌아온 서울은 역겨운 냄새로 가득했다. 쥐 썩는 냄새, 말

썩는 냄새 그리고 사람 썩는 냄새."

한국 역사학계는 한국사에서 '긍정적인 것'만 찾으려 노력한
다. '불편한 진실'은 외면하거나(금속활자*) 과도하게 변호한다(조
공체제, 당쟁). 이런 풍토의 역풍이 '사이비 역사학'이라는 판타지
소설을 낳았는지도 모른다. 어쨌거나 둘 다 역사 왜곡이다. 뿌듯
한 것은 물론, 부끄러운 것도 우리 역사다.

---

* 구텐베르크의 금속활자와 인쇄물은 지식을 대중화시켜 사회를 혁명적으로 바꾸어 나갔고 결
국엔 오늘날의 서양 세계를 잉태해냈다. 하지만 한국의 금속활자는 철저히 지배층을 위한 도
구였다. 전前 미국 부통령 앨 고어의 따끔한 지적이다. "한국은 구텐베르크보다 200년이나 앞
서 금속활자를 발명했지만 국가가 인쇄술을 독점하는 바람에 문화 발전에도, 자본주의 발전
에도 전혀 기여하지 못했다. 그런 최초가 무슨 의미가 있는가?"

099

사과의
품격

#전범국가 #독일의사과 #빌리브란트

제2차 세계대전 당시 독일인은 히틀러에 순응했다. 유대인 학살에 대해서도 알았지만 침묵했다. 그래서 독일 국민들은 히틀러의 공범이었다. 전쟁이 끝난 후 독일인의 자세는 어땠을까?

　피해 관련자들에게 용서를 구하지도 사과하지도 않았다. '당시엔 어쩔 수 없었노라'며 스스로를 다독였다. 잊고자 하니 정말 잊혔다. 전쟁범죄의 집단 망각 그리고 역사 왜곡.

　피해국 국민들은 분노했고 특히 가장 피해가 컸던 폴란드는 독일이라면 이를 갈았다. 그렇게 25년이 지나고 1970년 12월 7일. 폴란드를 방문한 독일(당시 서독) 총리 빌리 브란트^{Willy Brandt} 가 제

2차 세계대전 때 사망한 폴란드 유대인 위령탑 앞에서 무릎을 꿇고 눈물을 흘렸다.

"말로는 도저히 참회를 표현할 수 없을 때 할 수 있는 일을 했을 뿐이다."

이를 본 독일인들은 폭발한다.

"전쟁 끝난 지 25년이다. 이젠 그만할 때도 되지 않았냐?"

"총리가 무릎을 꿇다니. 국격 훼손이다."

"폴란드는 공산국가잖아. 총리는 빨갱이다."

하지만 나라 밖에선 기적이 일어난다. 감동 받은 폴란드 국민들이 독일을 용서한다. '전범국가'란 이미지도 사라지기 시작했다. 독일인은 깨닫는다.

'가해자는 끊임없이 반성해야 하는구나.'

독일 국민들은 전쟁을 겪지 않은 어린 세대에게 자신들의 잘못을 가르쳤고 전쟁범죄를 부인하는 사람은 법으로 응징했다. 피해자들에겐 지금까지 반복해서 사과와 보상을 하고 있다.

폴란드 사람들은 왜 독일을 용서했을까?

진심으로 사과를 받았다고 느꼈기 때문이다. 독일이 앞장서

전쟁범죄를 반성하고 그에 합당한 조처를 취했기 때문에 이젠 어떤 나라도 독일의 잘못을 추궁하지 않는다. 한 사람의 무릎 꿇음으로 독일은 위대한 국가로 나아갈 수 있는 자격을 획득했다.

일본은 장점이 참 많은 나라다. 존경 받기에 충분한 나라다. 하지만 존경 받지 못한다. 그 이유를 일본인들은 알까?

100

사과는
언제까지
해야 할까?

#그만하라고할때까지

2009년부터 2010년까지 일본 총리를 지냈던 하토야마 유키오 鳩山由紀夫가 좋은 답을 준다.

2015년 그는 서대문형무소를 방문해 추모비에 무릎 꿇고 사과했다. 2018년에는 경남 합천의 원폭 피해자를 찾아가 무릎을 꿇었다. 2019년에는 부산 국립 일제 강제동원 역사관을 방문해 사죄했다. 다음은 하토야마의 말이다.

"사과는 피해자가 그만하라고 할 때까지 해야 한다."

편의점 냉장고에서 1.5리터 콜라를 집어든 손님 A가 점장 B에게 가서 따진다.

  A : 돼지고기가 왜 페트병에 들어있죠?

  B : 손님, 그건 돼지고기가 아니라 콜라인데요.

  A : 지금 나를 무시하는 겁니까?

  어떤 설명에도 A가 주장을 굽히지 않자 살짝 열 받은 B가 칼을 든다.

B: 손님, 만약 여기에 든 게 돼지고기라면 칼로 찔렀을 때 피가 나겠죠?

A: 당연하죠.

B: 돼지 피는 빨간색이죠?

A: 당연하죠.

B: 이제 제가 페트병을 찌를 겁니다. 만약 검은색이 나오면 이건 돼지고기가 아니라 콜라입니다.

A: 당연하죠. 나중에 딴소리하기 없습니다.

페트병에 흘러내리는 콜라를 본 A는 어떻게 반응했을까?

"어럽쇼, 검은색 피를 흘리는 돼지도 있네."

할 말을 잃은 B에게 날리는 A의 쐐기포.

"흑돼진가?"

A에겐 콜라를 돼지고기라 주장할 자유가 있고, 흑돼지의 피는 검다고 주장할 자유도 있다. 누구나 자신의 '의견'을 주장할 자유가 있고 나와 다르게 생각하는 사람의 자유마저도 인정해야 자유민주주의다. (그렇게 해야 내 자유까지 보장된다는 실용적 이유도 있다.)

하지만 A가 자신의 '의견'을 '사실'이라 주장하면 상황은 달라진다. A에겐 자신의 주장을 뒷받침할 '논리와 증거 제공'이라는 도덕적 책임이 따르는데, 그런 게 가능할 리 없는 A의 언어는 소음 비슷한 것으로 전락한다. (이를 심리학에선 '인지부조화'라 부른다.)

만약 A가 매일 편의점에 찾아와서 B와 흑돼지 논쟁을 벌이고, 알고 보니 A가 동네에서 힘 좀 쓰는 인사라면 A의 흑돼지는 가짜 뉴스로 격상되어 공동체를 야금야금 파먹는다. (가짜 뉴스는 뉴스가 아니라 새빨간 거짓말이다.)

'흑돼지'들이 보기 싫어 제주도로 왔는데 이곳은 진짜 흑돼지 천국이다. 심지어 김밥에도 흑돼지 고기가 들어간다. (이건 의견이자 사실이고, 성공할 가능성이 희박한 유머다.)

찰리 채플린의 말마따나 멀리서 보면 아름답던 삶도 가까이 들여다보면 비극이다. 하지만 비극도 시간의 두께를 늘리면 희극으로 변한다는 말을 믿고 '흑돼지'들의 시간을 이겨낸다. 행여 먹으면 줄어들까 싶어 틈만 나면 흑돼지도 먹는다.

클릭만 하면 수많은 정보와 주장이 난무하는 시대에 말하는 대로 믿고, 생각하는 대로 믿어버린다면 자칫 길을 잃을 수도 있다. 이 책의 목표는 명확하다. 현상 밑에 숨겨진 1cm를 들여다보고, 생각의 두께를 1cm 늘리는 것. 그래서 소통과 생각의 틈을 1cm 더 단단하게 채우기를 바라며 글을 맺는다.

그들이 가지런히 줄 쳐진 종이를 주거든
줄에 맞추지 말고 다른 방식으로 써라.

—

후안 라몬 히메네즈, 스페인 시인

1센티 인문학

초판 1쇄 발행 2020년 10월 13일
초판 3쇄 발행 2022년 11월 22일

지은이   조이엘

펴낸이   이효원
펴낸 곳   언폴드
출판등록   제2020-000142호
주소   서울시 마포구 성지길 25-11, 지층 134호
이메일   unfoldbook0@gmail.com
대표전화   0507-1495-0422
인스타그램   @unfold_editor

ISBN 979-11-971572-0-2 03100